PLANOS ESTADUAIS DE RESÍDUOS SÓLIDOS

POLÍTICA PÚBLICA, GESTÃO ASSOCIADA E SUSTENTABILIDADE

LAONE LAGO

Prefácio
Paulo de Bessa Antunes

Apresentação
Eduardo Domingues

PLANOS ESTADUAIS DE RESÍDUOS SÓLIDOS

POLÍTICA PÚBLICA, GESTÃO ASSOCIADA E SUSTENTABILIDADE

Belo Horizonte

2017

© 2017 Editora Fórum Ltda.

É proibida a reprodução total ou parcial desta obra, por qualquer meio eletrônico, inclusive por processos xerográficos, sem autorização expressa do Editor.

Conselho Editorial

Adilson Abreu Dallari
Alécia Paolucci Nogueira Bicalho
Alexandre Coutinho Pagliarini
André Ramos Tavares
Carlos Ayres Britto
Carlos Mário da Silva Velloso
Cármen Lúcia Antunes Rocha
Cesar Augusto Guimarães Pereira
Clovis Beznos
Cristiana Fortini
Dinorá Adelaide Musetti Grotti
Diogo de Figueiredo Moreira Neto
Egon Bockmann Moreira
Emerson Gabardo
Fabrício Motta
Fernando Rossi
Flávio Henrique Unes Pereira

Floriano de Azevedo Marques Neto
Gustavo Justino de Oliveira
Inês Virgínia Prado Soares
Jorge Ulisses Jacoby Fernandes
Juarez Freitas
Luciano Ferraz
Lúcio Delfino
Marcia Carla Pereira Ribeiro
Márcio Cammarosano
Marcos Ehrhardt Jr.
Maria Sylvia Zanella Di Pietro
Ney José de Freitas
Oswaldo Othon de Pontes Saraiva Filho
Paulo Modesto
Romeu Felipe Bacellar Filho
Sérgio Guerra
Walber de Moura Agra

Luís Cláudio Rodrigues Ferreira
Presidente e Editor

Coordenação editorial: Leonardo Eustáquio Siqueira Araújo

Av. Afonso Pena, 2770 – 15º andar – Savassi – CEP 30130-012
Belo Horizonte – Minas Gerais – Tel.: (31) 2121.4900 / 2121.4949
www.editoraforum.com.br – editoraforum@editoraforum.com.br

L177p   Lago, Laone

Planos estaduais de resíduos sólidos: política pública, gestão associada e sustentabilidade/ Laone Lago.– Belo Horizonte : Fórum, 2017.

155 p.
ISBN: 978-85-450-0419-6

1. Direito Ambiental. 2. Direito Administrativo. 3. Administração Pública. I. Título.

CDD 341.347
CDU 349.6

Informação bibliográfica deste livro, conforme a NBR 6023:2002 da Associação Brasileira de Normas Técnicas (ABNT):

LAGO, Laone. *Planos estaduais de resíduos sólidos*: política pública, gestão associada e sustentabilidade. Belo Horizonte: Fórum, 2017. 155 p. ISBN 978-85-450-0419-6.

Dedico esta empreitada do conhecimento à minha família, neste momento minha esposa e eu (consortes, um em relação ao outro), e o Gothito (cachorro amigo).

Obrigado!

AGRADECIMENTOS

Agradeço a todos os que direta ou indiretamente, em todos os aspectos, manifestaram apoio em mais esta etapa rumo ao conhecimento que muda o mundo, logo, que muda o regional, o local e, especialmente, a nós mesmos.

Agradeço a todos os professores do Programa de Pós-Graduação em Direito, da Universidade Federal do Estado do Rio de Janeiro – UNIRIO, especialmente ao meu orientador Eduardo Domingues (amigo e colega de longa data, e caminhada, literalmente), e ao professor Paulo de Bessa Antunes (pessoa de visão crítica singular). Agradeço, também, ao professor Wilson Madeira Filho, da Universidade Federal Fluminense – UFF (conflitos socioambientais sob outras lentes).

Um agradecimento especial ao Instituto de Educação do Ser – IES (reflexões e ações sob novas perspectivas), ao Instituto de Direito Administrativo do Estado do Rio de Janeiro – IDAERJ (Direito Administrativo interconectado), e ao Grupo de Estudos em Direito Administrativo – GDA (pensar fora e para além da caixa pode ser a regra).

Grato ao meu pai, Volmar (*in memoriam*), e à minha mãe, Celi, pela constante aposta e apoio, ainda que em situações adversas; grato à Dona Ruth pela singularidade de pessoa e exemplo de orientação; grato ao Paulo Rogério (*in memoriam*) e à Aruquia Barbosa pelo telefonema inicial; grato ao Seu José e à Esmeralda, como forma de atenção e carinho; grato ao Solano, ao Seu Alcir, e aos seus auxiliares, pelo apoio no acesso ao conhecimento.

Um agradecimento muito especial para Adriana Tomazela Zani, esposa, amante, cúmplice, companheira, amiga e muito, muito mais, pela paciência e compreensão (somos consortes, com muita sorte, um em relação ao outro!).

Fico muito grato a todos os presentes e ausentes e, especialmente, àquela força difícil de conceituar, no entanto, fácil de constatar; como disse certa vez Albert Einstein, "queira algo ou alguma coisa que o universo conspirará ao seu favor"; mais um desejo que virou realidade, ou uma realidade desejada que se concretizou (o universo como um parceiro sempre presente e acessível).

Obrigado!

Só existem dois dias no ano que nada pode ser feito. Um se chama ontem e o outro se chama amanhã, portanto hoje é o dia certo para amar, acreditar, fazer e principalmente viver.

(Dalai Lama)

LISTA DE ABREVIATURAS E SIGLAS

ADI	Ação Direta de Inconstitucionalidade
CNORP	Cadastro Nacional de Operadores de Resíduos Perigosos
CN	Congresso Nacional
CNJ	Conselho Nacional de Justiça
CP	Consórcio Público
CRFB/88	Constituição da República Federativa do Brasil de 1988
LCP	Lei de Consórcios Públicos
LDNSB	Lei de Diretrizes Nacionais de Saneamento Básico
LLCA	Lei de Licitações e Contratos Administrativos
LPNRS	Lei da Política Nacional de Resíduos Sólidos
MMA	Ministério do Meio Ambiente
OCDE	Organização para a Cooperação e Desenvolvimento Econômico
PCO	Poder Constituinte Originário
PDT	Partido Democrático Trabalhista
PDGTRSU	Plano Diretor para a Gestão e Tratamento de Resíduos Sólidos Urbanos
PEGIRS	Plano Estadual de Gestão Integrada de Resíduos Sólidos
PERS	Plano Estadual de Resíduos Sólidos
PGIAREU	Plano de Gestão Integrada e Associada de Resíduos Sólidos Urbanos
PRS	Plano de Resíduos Sólidos
PNEA	Política Nacional de Educação Ambiental
RE	Recurso Extraordinário
REsp	Recurso Especial
Sema	Secretaria de Estado do Meio Ambiente e Recursos Hídricos
Sisnama	Sistema Nacional do Meio Ambiente
Sinmetro	Sistema Nacional de Metrologia, Normalização e Qualidade Industrial
SNVS	Sistema Nacional de Vigilância Sanitária
SUASA	Sistema Unificado de Atenção à Sanidade Agropecuária
STJ	Superior Tribunal de Justiça
STF	Supremo Tribunal Federal
TJUE	Tribunal de Justiça da União Europeia

SUMÁRIO

PREFÁCIO
Paulo de Bessa Antunes 17

APRESENTAÇÃO
Eduardo Domingues 19

INTRODUÇÃO 21

CAPÍTULO 1
O CICLO DE POLÍTICAS PÚBLICAS E A LEI DA POLÍTICA
NACIONAL DE RESÍDUOS SÓLIDOS 27

1.1   Percebendo a política pública 27

1.2   O ciclo de políticas públicas – *Policy cycle* *30*

1.2.1   Identificação do problema 32

1.2.2   Formação da agenda 34

1.2.3   Formulação de alternativas 35

1.2.4   Tomada de decisão 37

1.2.5   Implantação da política pública 38

1.2.6   Avaliação da política pública 39

1.2.7   Extinção da política pública 41

1.3   A Lei da Política Nacional de Resíduos Sólidos 42

1.3.1   Considerações iniciais: objeto, campo de aplicação e definições 45

1.3.2   Princípios, objetivos e instrumentos 56

1.3.3   As diretrizes aplicáveis aos resíduos sólidos 67

1.3.4   Algumas considerações finais de relevo 76

CAPÍTULO 2
SANEAMENTO AMBIENTAL, PAPEL DOS ESTADOS-MEMBROS E ARRANJOS JURÍDICOS DE COOPERAÇÃO FEDERATIVA ...77

2.1 Saneamento ambiental: uma (r)evolução ...77

2.1.1 Competências constitucionais ...78

2.1.2 Competência constitucional administrativa ...82

2.1.3 Competência constitucional legislativa ...85

2.1.4 A tríade legal ...87

2.1.5 A titularidade dos serviços ...91

2.2 Compartilhamento e associação: o papel indutor dos estados-membros ...93

2.3 Os arranjos jurídicos regionais ...97

2.3.1 Convênio comum ...100

2.3.2 Gestão compartilhada: região metropolitana, aglomerado urbano e microrregião ...101

2.3.3 Gestão associada: convênio de cooperação e consórcio público ...104

CAPÍTULO 3
OS PLANOS ESTADUAIS DE RESÍDUOS SÓLIDOS SOB A PERSPECTIVA DA GESTÃO E DA SUSTENTABILIDADE ECONÔMICO-FINANCEIRA ...109

3.1 A sustentabilidade econômico-financeira do sistema de resíduos sólidos ...109

3.1.1 O custo dos direitos ...109

3.1.2 A sustentabilidade do sistema, segundo legislação aplicável ...112

3.1.3 Alguns caminhos para viabilizar e conferir sustentabilidade ao sistema de manejo de resíduos sólidos ...113

3.2 Os planos estaduais sob a perspectiva da gestão (compartilhada e associada) e da sustentabilidade (taxa, tarifa e preço público) ...118

3.2.1 Plano Estadual de Gestão Integrada de Resíduos Sólidos do Acre ...120

3.2.2 Plano Estadual de Gestão dos Resíduos Sólidos do Maranhão ...124

3.2.3 Plano de Gestão Integrada de Resíduos Sólidos do Pará ...126

3.2.4 Plano de Gestão Integrada e Associada de Resíduos Sólidos Urbanos do Paraná ...128

3.2.5 Plano Estadual de Resíduos Sólidos de Pernambuco ...130

3.2.6 Plano Estadual de Resíduos Sólidos do Rio de Janeiro ...131

3.2.7 Plano Estadual de Gestão Integrada de Resíduos Sólidos do Rio Grande do Norte ...133

3.2.8 Plano Estadual de Resíduos Sólidos do Rio Grande do Sul 135

3.2.9 Plano Diretor para a Gestão e Tratamento de Resíduos Sólidos Urbanos de Santa Catarina 137

3.2.10 Plano de Resíduos Sólidos do Estado de São Paulo 138

3.2.11 Plano Estadual de Resíduos Sólidos de Sergipe................................140

3.3 Gestão e sustentabilidade nos planos estaduais elaborados, uma necessária correção de rumo e curso 142

CONCLUSÕES...147

REFERÊNCIAS...151

PREFÁCIO

É com muita satisfação que apresento o trabalho *Planos estaduais de resíduos sólidos: política pública, gestão associada e sustentabilidade*, da autoria de Laone Lago. Cuida-se de um trabalho muito bem elaborado e útil para todos os estudiosos do direito público e, em especial, para os que se interessam pelas gravíssimas questões suscitadas pelos resíduos sólidos urbanos. Como todos sabemos, o Brasil vive uma situação extremamente complexa e difícil em relação ao tema.

Os resíduos sólidos urbanos, juntamente com o saneamento, são dos principais problemas ambientais enfrentados pelo país que, hoje, é majoritariamente urbano. O Congresso Nacional aprovou a Lei nº 12.305, de 2.8.2010 a qual, infelizmente, ainda é uma esperança que não se materializou. A lei foi concebida sem uma estrutura de financiamento adequada e, portanto, no que diz respeito à maioria de nossos estados e municípios, permanece como um mero "dever ser", não tendo se implantado efetivamente.

O trabalho de Laone Lago, gestado no contexto do Programa de Pós-Graduação em Direito e Políticas Públicas da Universidade Federal do Estado do Rio de Janeiro (PPGD-Unirio), faz um exame preciso e profundo daquilo que tem sido produzido pelos estados membros da federação na importante matéria. É um diagnóstico seguro e útil para todos os gestores públicos e cidadãos que se dedicam a estudar a relevante matéria. É trabalho que merece atenção pela sua amplitude e rigor técnico. Não se pode deixar de mencionar, também, a exaustiva pesquisa feita na legislação nacional pertinente.

Recomendo fortemente a leitura e o estudo do livro ora apresentado.

Paulo de Bessa Antunes

Professor Adjunto de Direito Ambiental
da Universidade Federal do Estado do
Rio de Janeiro (Unirio).
Autor de diversos livros de direito ambiental.
Advogado.

APRESENTAÇÃO

Fui professor do Laone na disciplina de Direito de Família na Faculdade de Direito Evandro Lins e Silva (depois Ibmec). Muito embora civil não fosse sua cadeira preferida, ele se demonstrou um aluno dedicado e atento às controvérsias e questões polêmicas da matéria.

Curiosamente, fui trabalhar como consultor jurídico em direito urbanístico no Instituto Brasileiro de Administração Municipal – Ibam, em que Laone era estagiário. Não foi surpresa verificar que Laone era um estagiário diligente e muito competente. Em pouco tempo, os pareceres que esboçava eram aprovados pela chefia com leves correções, evidenciando-se sua capacidade de aprendizado e pesquisa; atividades, aliás, das quais a atuação no Ibam propicia grande desenvolvimento. Seu gosto pelo estudo (e pelas caminhadas que a equipe de consultores realizava) o tornaram um pesquisador afiado.

Tive outra enorme alegria em saber de seu ingresso no Mestrado em Direito da Unirio, cuja área de concentração, "Estado, Sociedade e Políticas Públicas", formava um bom casamento com os interesses de pesquisa de Laone, já então um advogado com conhecimento aprofundado nas questões de saneamento ambiental. Foi um feliz reencontro e uma satisfação ser convidado a orientá-lo na pesquisa e elaboração da Dissertação de Mestrado, aqui adaptada para formato de livro.

Durante a orientação lhe propus inúmeros desafios, sobretudo na parte empírica de sua pesquisa, tarefa sempre difícil e fantasmagórica para os alunos de Direito, cuja formação em pesquisa, no Brasil, ainda carece de aprimoramento. Todos os obstáculos Laone transpôs com proficiência, resultando neste trabalho que traz grande contribuição para o tema de políticas públicas, em especial de saneamento ambiental.

O leitor poderá perceber a excelência da pesquisa teórica, que evidencia a Política Nacional de Resíduos Sólidos como política pública, descreve a divisão de competências constitucionais em saneamento e trata das complexas questões de compartilhamento, associação e sustentabilidade econômica do sistema de resíduos sólidos. Na parte empírica do trabalho, fez competente análise dos planos estaduais de resíduos sólidos com foco na sustentabilidade, sem o que leis, programas e projetos não transformam a realidade nem efetivam direitos fundamentais, tornando inócuo o propósito das políticas públicas.

Sigo na caminhada aguardando o próximo reencontro que a vida nos proporcionará.

Boa leitura.

Eduardo Domingues
Professor Adjunto na Universidade Federal
do Estado do Rio de Janeiro (Unirio).
Autor de livros de Direito Público.
Advogado.

INTRODUÇÃO

A sociedade contemporânea está passando por um período de forte turbulência. As relações sociais e institucionais estão sendo (positivamente) sacudidas, fazendo com que deste movimento ascendam reflexões na busca por respostas à incerteza, a instabilidades, à fluidez, enfim, à complexidade contemporânea.[1] Fato é que as bases (supostamente) sólidas de outrora estão em crise, pois suas respostas não mais satisfazem, o que marca a ascensão de uma conexão integral (complexidade), do ser ao tornar-se (instabilidade) e da construção conjunta da realidade (intersubjetividade).[2]

Fruto de uma sociedade plenamente interconectada, pois imersa em novos paradigmas, tais delineamentos refletem a necessidade premente de se pensar e repensar as relações entre a sociedade civil e o Poder Público, o que atrai para esta reflexão a temática dos resíduos sólidos, especialmente sob a perspectiva dos possíveis (ou necessários) arranjos jurídicos em matéria de destinação e disposição ambientalmente adequadas. Não é por outra razão que falar em destinação final ambientalmente adequada de resíduos sólidos significa tratar da reutilização, bem como dos processos de reciclagem, compostagem,

---

[1] Para citar apenas alguns autores que procuram entender e oferecer respostas às turbulências que sacodem as relações individuais, sociais e institucionais contemporâneas, *vide*: BAUMAN, Zygmunt. *Modernidade líquida*. Tradução de Plínio Dentzien. Rio de Janeiro: Jorge Zahar, 2001; GIDDENS, Anthony. *Mundo em descontrole*: o que a globalização está fazendo de nós. Tradução de Maria Luiza Borges. 3. ed. Rio de Janeiro: Record, 2003; VIRILIO, Paul. *Velocidade e política*. Tradução de Celso Mauro Paciornik. São Paulo: Estado Liberdade, 1996; NEGRI, Antonio; HARDT, Michael. *Império*. Tradução de Berilo Vargas. Rio de Janeiro: Record, 2001; MORIN, Edgar. *Introdução ao pensamento complexo*. 4. ed. Tradução de Eliane Lisboa. Porto Alegre: Sulina, 2011.

[2] VASCONCELLOS, Maria José Esteves de. *Pensamento sistêmico*: o novo paradigma da ciência. 10. ed. Campinas: Papirus, 2013. p. 101-146.

recuperação e aproveitamento energético, além de outras destinações admitidas, de modo a evitar danos ou riscos à saúde pública e à segurança, além de ter como objetivo minimizar os impactos ambientais adversos – verdadeira interdependência, pois todos estão envolvidos.

Trata-se, em verdade, de mais uma etapa na cadeia que forma o ciclo de vida do resíduo sólido por meio da qual se identifica a possibilidade de seu tratamento ou recuperação, o que significa dizer que envolve um agrupamento de metodologias dedicadas ao aproveitamento máximo dos resíduos sólidos segregados, cuja finalidade é a redução total ou ao menos parcial do seu volume inservível –[3] atividade interconectada, logo, que exige a participação de todos, configurando sua interdependência.

A disposição final ambientalmente adequada de rejeitos, por sua vez, consiste na distribuição ordenada de rejeitos em aterros sanitários, observando normas operacionais específicas de modo a evitar danos ou riscos à saúde pública e à segurança, minimizando-se, também, os impactos ambientais adversos, o que envolve a etapa final do ciclo de vida de um resíduo sólido. Deve, portanto, ser ambientalmente acomodado em local próprio (ao menos até que novas técnicas venham a existir e a se mostrar viáveis), de forma a gerar o menor ou, o que é ideal, nenhum impacto ao ambiente e à saúde humana.[4]

Destinar resíduos sólidos e dispor rejeitos são atividades que estão inteiramente imbrincadas, pois a realização de uma melhor destinação aos resíduos sólidos implicará de forma direta e inversamente proporcional uma menor disposição (mais destinação significa menos disposição), estando, por óbvio, essa cadeia profundamente conectada seja em relação à sociedade seja em relação ao setor produtivo. Não se trata de uma tarefa trivial. Muito pelo contrário, trata-se de atividade complexa, pois envolve desde a discussão (ou rediscussão) dos hábitos de consumo (ou consumista) da sociedade até os seus impactos sobre o ambiente, e, por assim dizer, sobre a sociedade como um todo.

Esse movimento de elevada interdependência restou previsto na Lei nº 12.305, de 2.8.2010,[5] norma legal que comporta a Lei da Política Nacional de Resíduos Sólidos, indiscutivelmente uma política pública,

---

[3] GUERRA, Sidney. *Resíduos sólidos*: comentários à Lei 12.305/2010. Rio de Janeiro: Forense, 2012. p. 66.

[4] GUERRA, Sidney. *Resíduos sólidos*: comentários à Lei 12.305/2010. Rio de Janeiro: Forense, 2012. p. 69.

[5] "Institui a Política Nacional de Resíduos Sólidos; altera a Lei nº 9.605, de 12 de fevereiro de 1998; e dá outras providências" (Lei da Política Nacional de Resíduos Sólidos – LPNRS).

fazendo com que todos tenham a tarefa de minimizar o volume de resíduos sólidos e, portanto, de rejeitos gerados, bem como reduzir os impactos causados à saúde humana e à qualidade ambiental decorrentes do ciclo de vida dos produtos (art. 3º, inc. XVII, da LPNRS).

Oportuno consignar que, nos termos da referida política nacional, resíduo sólido é todo o material, substância, objeto ou bem descartado resultante de atividades humanas em sociedade, a cuja destinação final se procede, se propõe proceder ou se está obrigado a proceder, nos estados sólido ou semissólido, bem como gases contidos em recipientes e líquidos cujas particularidades tornem inviável o seu lançamento na rede pública de esgoto ou em corpos d'água, ou exijam para isso soluções técnica ou economicamente inviáveis em face da melhor tecnologia disponível (art. 3º, inc. XVI, da LPNRS).

Rejeitos, por outro lado, são resíduos sólidos que, depois de esgotadas todas as possibilidades de tratamento e recuperação por processos tecnológicos disponíveis e economicamente viáveis, não apresentem outra possibilidade que não a disposição final ambientalmente adequada (art. 3º, inc. XV, da LPNRS). Percebe-se que para se chegar ao rejeito será necessário que o resíduo sólido passe por processos de reutilização, reciclagem, compostagem, recuperação e aproveitamento energético, além de outros que se mostrem técnica e economicamente viáveis.

Trata-se de superar e acabar com o preconceito normalmente direcionado aos resíduos sólidos envolvendo a sua equiparação extremamente negativa, sinônimo de lixo, pois a este nenhum valor se atribui, uma vez que se refere a algo descartado. Reverte-se, com a atual Lei da Política Nacional de Resíduos Sólidos, essa lógica, passando a registrar que apesar de terem sido descartados (não são mais úteis para alguém), os resíduos possuem valor intrínseco que deve ser reconhecido, inclusive como algo com potencial para geração de trabalho e renda, bem como para a promoção da cidadania daqueles que lidam com esses materiais.[6]

Segundo ensina Genebaldo Freire Dias, "a cultura do lixo deve desaparecer para ceder lugar à cultura dos resíduos sólidos, matéria-prima digna de reaproveitamento".[7] Neste sentido, a noção de lixo

---

[6] SILVA FILHO, Carlos Roberto Vieira; SOLER, Fabricio Dorado. *Gestão de resíduos sólidos*: o que diz a lei. 2. ed. São Paulo: Trevisan, 2013. p. 35.

[7] DIAS, Genebaldo Freire. *Antropoceno*: iniciação à temática ambiental. São Paulo: Gaia, 2002. p. 75.

deve ser deslocada de seu atual e negativo pedestal, permeado por valores pejorativos e marginais (à margem de algo ou alguma coisa), à condição de resíduo, ideia que traz em si a concepção de reinserção tanto na cadeia produtiva quanto de consumo. Enfim, esta guinada traz melhorias tanto para os hábitos sociais quanto para a defesa e a proteção do ambiente (quanto mais o resíduo substituir o lixo, menor será a quantidade de rejeitos demandando por disposição final ambientalmente adequada). O desafio atual é de grande monta, além de ser de elevada complexidade. Não é por outra razão que se pode extrair da legislação em questão forte e insistente incentivo envolvendo seja a ideia de associação seja a de compartilhamento para que se consiga dar cabo aos desafios sociais, econômicos, ambientais, jurídicos etc., lançados pela Lei da Política Nacional de Resíduos Sólidos. Ao focar em alternativas associadas e/ou compartilhadas, a norma objetiva estruturar formas e maneiras para que se viabilize a cooperação entre todos os setores da sociedade, especialmente entre o Poder Público, que possui um tratamento especial na legislação – retoma-se, firmemente, o federalismo de cooperação, ou federalismo cooperativo, o que significa dizer que as atribuições entre os entes federados se darão de forma cooperativa.

O que se verifica na legislação em comento é uma forte tendência à regionalização, isto é, ao que vem se convencionado chamar de princípio da regionalização. Segundo Wladimir António Ribeiro, trata-se de "efetuar a gestão dos resíduos sólidos em âmbitos territoriais ótimos, mediante instrumentos de cooperação e cooperação federativa".[8] Percebe-se que há um autêntico dever de compartilhamento ou, quiçá, de associação entre as diferentes esferas envolvidas.

Pode-se dizer, então, que a Lei da Política Nacional de Resíduos Sólidos em sua essência insiste fortemente (i) na cooperação entre União, estados, Distrito Federal e municípios, (ii) na cooperação e na articulação entre as diversas esferas do Poder Público, (iii) na regionalização em matéria de manejo de resíduos sólidos, (iv) no incentivo à gestão compartilhada e/ou associada, logo, e, portanto, (v) na estruturação de planos de manejo de resíduos sólidos voltados para esse norte – a cooperação intermunicipal exige especial atenção às questões

---

[8] RIBEIRO, Wladimir António. Introdução à Lei da Política Nacional de Resíduos Sólidos. In: SAIANI, Carlos César Sandejo; DOURADO, Juscelino; TONETO JÚNIOR. *Resíduos sólidos no Brasil*: oportunidades e desafios da Lei Federal nº 12.305. Barueri: Minha Editora, 2014. p. 146.

econômico-financeiras (viabilidade e sustentabilidade do sistema), sob pena de não se efetivar.

Não é por outra razão que conferir efetividade aos direitos requer existam recursos para tanto, sob pena de serem eles relativizados. O que se quer dizer é que conferir efetividade ao sistema de manejo de resíduos sólidos não é um assunto simples, merecendo melhores e maiores discussões. Por isso, o objetivo geral deste estudo consiste em se utilizar da avaliação, uma das etapas do ciclo da política pública, para fazer uma (re)leitura da Lei da Política Nacional de Resíduos Sólidos, tendo como questão central o papel da gestão compartilhada (obrigatória) e/ou associada (voluntária), bem como da sustentabilidade econômico-financeira do sistema e sua absorção (incorporação) pelos planos estaduais de resíduos sólidos[9] já elaborados e disponibilizados pelos estados-membros.

Nesta linha, o primeiro capítulo deste estudo terá como foco discorrer sobre os passos de uma política pública e, especialmente, acerca do seu ciclo – *policy cycle*,[10] o que significa dizer que será abordado o processo pelo qual um problema de magnitude social é inserido na agenda pública, percorrendo os estágios seguintes até ser ele implementado, avaliado e, por fim, extinto. Ainda neste capítulo inicial, a Lei da Política Nacional de Resíduos Sólidos instituída pela União será esmiuçada, o que permitirá sejam melhor verificados seu objeto, princípios, diretrizes etc., especialmente a ênfase que confere à cooperação.

Nesta linha – a de um federalismo cooperativo, com grifo na regionalização –, após discutida a Lei da Política Nacional de Resíduos Sólidos, com especial interesse para o seu atual estágio dentro do ciclo de uma política pública – o da implementação, que requer avaliação –, serão percorridas as formas constitucionais e/ou legais de

---

[9] Sabe-se que a sustentabilidade econômico-financeira desse sistema possui outras vias, entendidas aqui como secundárias, ao menos sob a perspectiva da potencialidade de arrecadação, por exemplo, reutilização, reciclagem, compostagem, recuperação e aproveitamento energético, além de outros que se mostrem viáveis tecnicamente e economicamente. Este estudo, no entanto, focará em outras vias de arrecadação, quais sejam, a taxa, a tarifa e o preço público, especialmente pela possibilidade de com elas ser possível tratar de forma plural e diferenciada os distintos e variados geradores de resíduos sólidos, observando-se a complexidade de cada resíduo gerado.

[10] Sabe-se que inúmeras outras teorias trouxeram avanços diversos para se avaliar ou analisar uma política pública, porém, para fins de reflexão, adotar-se-á neste estudo a teoria dos ciclos, sendo possível melhor visualizar seus estágios e, especialmente, o momento de sua implementação e avaliação, instante em que se encontra a política pública em matéria de resíduos sólidos.

gestão associada (cooperação voluntária) e/ou gestão compartilhada (entrosamento compulsório) existentes e disponíveis no ordenamento jurídico brasileiro, sem deixar que se esvaiam as competências dos entes federativos menores, os municípios, conferindo um norte para esta reflexão. Este será o tema central a ser enfrentado no segundo capítulo, sem a pretensão de exaurir as ricas e complexas contribuições trazidas tanto pela doutrina quanto pela jurisprudência em matéria de arranjos jurídicos regionais. O objetivo deste tópico – insista-se – é apenas e unicamente fazer uma exposição acerca dos arranjos jurídicos à disposição dos gestores públicos em matéria de resíduos sólidos e rejeitos, sempre com foco na destinação e disposição ambientalmente adequada, logo, sob a perspectiva da viabilidade jurídica e da sustentabilidade econômica.

Por fim, e para conectar o que se esmiuçou tanto da política pública em questão quanto dos instrumentos de associação e compartilhamento existentes e disponíveis, o terceiro e último capítulo deste estudo terá como foco avaliar os planos estaduais de manejo de resíduos sólidos elaborados pelos estados-membros, bem como verificar qual arranjo jurídico está recebendo maior ênfase, especialmente acerca da viabilidade e sustentabilidade econômico-financeira, sob pena de não ser ele sustentável – os direitos não são absolutos, ao menos sob o ponto de vista econômico-financeiro. Especificamente, objetiva-se avaliar os planos estaduais de resíduos sólidos elaborados e disponíveis na página eletrônica do Ministério do Meio Ambiente – MMA, instituição catalizadora e impulsionadora desse movimento, o que permitirá sejam oferecidas proposições concretas à política pública em matéria de resíduos sólidos, se assim se verificar a necessidade de alteração de rumo e curso em seu planejamento e/ou efetivação.

Em suma, objetiva-se discutir uma realidade premente e muito carente no cenário brasileiro, qual seja, a destinação de resíduos sólidos e a disposição de rejeitos, ambos de forma ambientalmente adequada, produzidos diariamente por milhões de brasileiros em dezenas de estados e em milhares de municípios. Sob estas bases, focar-se-á em alternativas que envolvam a formatação e a instituição de arranjos jurídicos regionais de cooperação federativa dotados de alguma identidade (características político-sociais e/ou urbano-geográficas) e guiados seja pela gestão compartilhada (entrosamento compulsório) seja pela associada (cooperação voluntária), sempre sob a perspectiva da sustentabilidade econômico-financeira do sistema (arrecadação de recursos via taxa, tarifa ou preço público).

CAPÍTULO 1

O CICLO DE POLÍTICAS PÚBLICAS E A LEI DA POLÍTICA NACIONAL DE RESÍDUOS SÓLIDOS

1.1 Percebendo a política pública

Tratar de política pública é falar de uma ciência relativamente recente, porém não de um assunto novo. Existe certo consenso entre acadêmicos e profissionais da área de que o estudo da política pública como campo científico possui suas origens em meados do século XX,[11] tendo como forte marco referencial a publicação de artigo elaborado por Harold Dwight Lasswell sobre a orientação para a política pública.[12]

Desde os seus primeiros passos, muito foi escrito e debatido sobre esse tema. Diversos conceitos e inúmeras concepções surgiram e ganharam espaço. Certo é que a política pública passou a ser uma diretriz elaborada para enfrentar um problema público, logo, um desafio de magnitude social. A importância do trabalho de Harold Dwight Lasswell está em sua ousadia ao pretender conquistar espaços para que o processo de políticas públicas emergisse como um objeto de estudo próprio, galgando autonomia ao longo do tempo.

Nesta linha, a política pública é formada por dois elementos básicos e fundamentais, que são a intencionalidade pública e a resposta

---

[11] Movimento este que se deu sob o impulso da Organização das Nações Unidas para a Educação, Ciência e Cultura – Unesco, especialmente na criação da *International Political Science Association* – IPSA, importante passo para que associações nacionais fossem criadas em diversos países. Para maiores informações, recomenda-se: INTERNATIONAL POLITICAL SCIENCE ASSOCIATION – IPSA. Disponível em: <http://www.ipsa.org/>. Acesso em: 15 out. 2016.

[12] LASSWELL, Harold Dwight. The policy orientation. In: LERNER, Daniel; LASSWELL, Harold D. (Orgs.). *The policy sciences*: recent developments in scope and method. Stanford: Stanford University Press, 1951. p. 3-15.

a um específico e determinado problema também público, ou ao menos permeado por interesses coletivos e/ou difusos. Em outras palavras, trata-se de enfrentar o problema entendido como coletivamente relevante, tratando-o (melhoria parcial) ou resolvendo-o (melhoria total).

Não é por outra razão que as duas principais correntes de discussão em matéria de políticas públicas encontram respaldo ou no papel do Estado ou de suas organizações mais importantes (visão predominante na Europa) ou conferem ênfase na ação dos governos (visão dominante nos Estados Unidos). Seja a política pública vista como uma atividade de Estado ou uma ação de governo, ela terá como objetivo entender e apresentar respostas concretas e reais à sociedade.[13]

Em definição clássica, o cientista político Thomas Dye conceituou ser a política pública "tudo o que os governos escolhem fazer ou deixar de fazer".[14] A cientista política brasileira Celina Souza, por sua vez, resume política pública como "o campo do conhecimento que busca, ao mesmo tempo, 'colocar o governo em ação' e/ou analisar essa ação (variável independente)", o que implicaria, quando necessário, a propositura de "mudanças no rumo ou curso dessas ações (variável dependente)". Prossegue a autora para afirmar que "a formulação de políticas públicas constitui-se no estágio em que os governos democráticos traduzem seus propósitos e plataformas eleitorais em programas e ações que produzirão resultados ou mudanças no mundo real".[15]

Percebe-se que a política pública tanto pode servir para impulsionar o governo, colocando-o em ação, quanto pode ser utilizada para analisar o resultado dessa ação (política pública implementada), propondo, se for o caso, mudanças de rumo e curso. Isto é, identificado o problema, formada a agenda e formuladas as alternativas, será, então, o momento de se tomar a decisão e, por consequência, de dar início ao processo de implementação da política pública. É neste estágio – o de implementação[16] – que se encontra a política pública nacional brasileira em matéria de resíduos sólidos.

---

[13] RODRIGUES, Marta Maria Assumpção. *Políticas públicas*. São Paulo: Publifolha, 2010. p. 29.

[14] DYE, Thomas R. *Understanding public policy*. Nova Jersey: Prentice Hall, 1995.

[15] SOUZA, Celina. Políticas públicas: uma revisão da literatura. *Sociologias*, Porto Alegre, ano 8, n. 16, p. 20-45, jul./dez. 2006.

[16] Conforme será abordado mais adiante, fala-se aqui em implementação pelo fato de existir legislação estabelecendo princípios, instrumentos, diretrizes, parâmetros e metas acerca da temática dos resíduos sólidos.

Logo, as lentes analíticas lançadas sobre a referida política pública, instituída em todo o território pátrio pela Lei nº 12.305, de 2.8.2010, Lei da Política Nacional de Resíduos Sólidos (LPNRS) –[17] insista-se –, devem se voltar para esse atual e relevante estágio do ciclo de políticas públicas, avaliando-a, o que poderá resultar na proposição de novos rumos ou mesmo ajuste de curso.

Ainda que no cenário brasileiro referida política nacional tenha caráter nitidamente incremental,[18] o que significa dizer que envolve uma continuação de atividades anteriores com modificações incrementais acrescidas no correr do tempo, o seu valor é paradigmático. A sua excepcionalidade está justamente em sua finalidade, a qual consiste em estabelecer uma relação imbricada entre ambiente, sociedade e mercado, tendo como foco tanto a proteção dos recursos ambientais quanto a sua utilização pela sociedade (consumo racional) e reutilização pelo mercado (realidade econômica e ambiental).

Nesta linha, fala-se em incremental – pontua-se – pelo fato de o processo histórico de formação da legislação ambiental brasileira ter se desenvolvido ao longo de quatro estágios, ou dimensões, enfim, linhas de expansão estas que ascenderam e incorporaram etapa por etapa os seus avanços anteriores.[19] Primeiramente, voltou-se o foco ao "processo de ocupação pelo homem" (direito de utilização do recém-descoberto e ainda por desbravar território brasileiro). Em seu segundo instante, voltou-se para o "desenvolvimento econômico" (para cada condição de ameaça ou interesse em proteger e preservar o ambiente, foram criados determinados e específicos instrumentos legais). O seu terceiro estágio concentrou-se no "controle técnico e territorial da população" (busca por tecnologias e zoneamentos para o controle industrial, além da sistematização dos recursos por meio de políticas públicas). Em seu último e atual estágio, tem-se a "constitucionalização da questão

---

[17] "Institui a Política Nacional de Resíduos Sólidos; altera a Lei nº 9.605, de 12 de fevereiro de 1998; e dá outras providências" (Lei da Política Nacional de Resíduos Sólidos – LPNRS).

[18] DYE, Thomas R. Mapeamento dos modelos de análise de políticas públicas. In: HEIDERMAN, Francisco G; SALM, José Francisco. *Políticas públicas e desenvolvimento*: bases epistemológicas e modelos de análise. Brasília: UnB, 2009. p. 99-132.

[19] Em que pese a perspectiva histórico-evolutiva aqui adotada, apenas para fins de exposição, prudente registrar tanto o entendimento de Antonio Herman Benjamin (fase da exploração desregrada, fase fragmentária e fase holística) (BENJAMIN, Antonio Herman. Introdução ao direito ambiental brasileiro. *Revista de Direito Ambiental*, n. 14, abr./ jun. 1999), quanto o de Ingo Wolfgang Sarlet e Tiago Fensterseifer (fase fragmentário-institucional, sistemático-valorativa e constitucionalização) (SARLET, Ingo Wolfgang; FENSTERSEIFER, Tiago. *Direito ambiental*: introdução, fundamentos e teoria geral. São Paulo: Saraiva, 2014. p. 178-307).

30 | LAONE LAGO
PLANOS ESTADUAIS DE RESÍDUOS SÓLIDOS – POLÍTICA PÚBLICA, GESTÃO ASSOCIADA E SUSTENTABILIDADE

ambiental" (instrumentos de gestão ao lado da crescente influência do princípio do desenvolvimento sustentável em matéria de políticas ambientais).[20] Percebe-se, portanto, que – em matéria ambiental e, muito especialmente, em se tratando de resíduos sólidos – o governo foi posto em ação no momento em que identificou (quiçá, reconheceu) o problema dos resíduos sólidos no Brasil,[21] formando uma agenda neste sentido, o que ensejou a formulação de uma alternativa visando à instituição de uma política pública, atualmente em curso de implementação em âmbito nacional. Agora, mais de cinco anos de sua promulgação,[22] deve-se avaliar como essa política nacional vem sendo percebida e, especialmente, aplicada, e, se for o caso, propor ajustes em sua rota e curso.

1.2 O ciclo de políticas públicas – *Policy cycle*

A política nacional em matéria de resíduos sólidos encontra-se em fase de implementação, o que pode ser percebido ao se analisar a norma legal que instituiu a Lei da Política Nacional de Resíduos Sólidos em todo o território brasileiro.[23] Diante de uma legislação tanto inovadora (e em certa medida ousada), quanto nova (e com determinada dose de ineditismo), mesmo que algumas etapas características do ciclo de uma política pública já tenham sido superadas, faz-se prudente analisá-las para melhor compreender a política nacional que trata de tema tão atual e relevante como a questão dos resíduos sólidos.

Intimamente conectada com precedentes e movimentos nas mais diversas áreas do conhecimento (direito, economia, sociologia, filosofia, por exemplo), a política nacional de resíduos sólidos passou a fazer parte de uma onda que imprimiu e continua a imprimir verdadeira mudança de paradigmas. Guinada, esta, excepcionalmente percebida no âmbito social por Ulrich Beck, já nos idos dos anos oitenta do século

---

[20] FREIRIA, Rafael Costa. *Direito, gestão e políticas públicas ambientais*. São Paulo: Senac São Paulo, 2011. p. 26.

[21] É o que se deduz, por exemplo, da Exposição de Motivos – EM nº 58/MMA/2007, oportunidade em que a então Ministra de Estado do Meio Ambiente, a Senhora Marina Silva, manifestou-se em prol do encaminhamento do anteprojeto, pois "reflete a demanda da sociedade que pressiona por mudanças motivadas pelos elevados custos sócio-econômicos e ambientais" (BRASIL. *EM nº 58/MMA/2007*. Disponível em: <http://www.planalto.gov.br/ccivil_03/projetos/EXPMOTIV/MMA/2007/58.htm>. Acesso em: 15 out. 2016).

[22] Instituída nacionalmente em 2.8.2010.

[23] Lei nº 12.305, de 2.8.2010.

passado, instante em que o autor pontuou vislumbrar "um passado *ainda vigente"* caminhando ao lado de um *"futuro que já se anuncia* no presente".[24]

Em outras palavras, prossegue o autor, "é o *fim dos 'outros'*, o fim de todas as nossas bem cultivadas possibilidades de distanciamento",[25] o que significa dizer – transplantando esta discussão para o campo deste estudo – que questões como a destinação dos resíduos sólidos (para onde encaminhar) e a disposição final dos rejeitos (como estocar de forma ambientalmente adequada) devem ser enfrentadas, pois todas as esferas da sociedade estão inseridas em um mesmo processo de mudança.

Promover uma contínua e constante análise do ciclo de uma política pública é, aliás, realidade necessária, dando-se ênfase à separação do processo de elaboração em fases intermediárias, o que compreende desde o seu nascimento até a sua extinção. Um verdadeiro ciclo de vida que envolve dimensões como a temporal (fases ou etapas), que comporta todos os demais estágios, tais como o de conteúdo (tipos), o de espaço (instituições), o de atores (interesses no processo) e o de comportamento (estilos).

Este percurso temporal – *policy cycle* – desenvolve-se ao longo de diversos estágios necessários e suficientes para que (i) o problema seja identificado, (ii) a agenda seja formada, (iii) as alternativas sejam formuladas (diversas, muitas das vezes), (iv) exista a possibilidade de tomada de decisão, (v) implementação, (vi) avaliação e, por fim, (vii) extinção da política pública, o que compreenderia ao menos sete fases.[26]

É bom que se diga que os estágios do processo de elaboração e implementação de uma política pública não são unanimes. Para Francisco Heidemann, por exemplo, o processo político-administrativo se desdobra em cinco fases, quais sejam (i) o estabelecimento ou montagem da agenda, (ii) a formulação da política, (iii) a tomada de decisão, (iv) a implementação e (v) a avaliação, ainda que esses passos possam não obedecer necessariamente a uma ordem sequencial linear.[27]

---

[24] BECK, Ulrich. *Sociedade de risco:* rumo a uma outra modernidade. Tradução de Sebastião Nascimento. São Paulo: Editora 34, 2010. p. 11.

[25] BECK, Ulrich. *Sociedade de risco:* rumo a uma outra modernidade. Tradução de Sebastião Nascimento. São Paulo: Editora 34, 2010. p. 7.

[26] SECCHI, Leonardo. *Políticas públicas:* conceitos, esquemas de analise, casos práticos. 2. ed. São Paulo: Cengage Learning, 2013. p. XIII.

[27] HEIDEMANN, Francisco G. Do sonho do progresso às políticas de desenvolvimento. In: HEIDEMANN, Francisco G.; SALM, José Francisco (Orgs.). *Políticas públicas e*

Celina Souza, por sua vez, compreende que o ciclo de uma política pública alcança seis estágios, que podem ser dispostos na (i) definição da agenda, (ii) identificação de alternativas, (iii) avaliação de opções, (iv) seleção de opções, (v) implementação e (vi) avaliação.[28] Muitos são os autores e diversos são os estágios que eles elencam como necessários e importantes para que se compreenda o ciclo de uma política pública. Não será o objetivo deste estudo enfrentar todas as diversas propostas existentes na linha temporal do ciclo de uma política pública, tenham elas maior ou menor aceitação – grifa-se. O objetivo principal será discorrer de forma ampla acerca da dimensão temporal da política pública, isto é, das etapas que envolvem desde a sua origem até a sua extinção, adotando-se aqueles modelos que possuam um maior número de estágios, o que conecta desde a identificação do problema até a extinção seja do próprio problema seja da própria política pública.

Percorrer-se-á, com isso, os estágios de uma política pública, o que será feito com especial atenção para uma das suas etapas – a avaliação –, permitindo seja lançado um olhar crítico sobre a Lei da Política Nacional de Resíduos Sólidos, atualmente em fase de implementação. Enfim, deve-se verificar e refletir sobre os principais passos que marcam a origem de uma política pública (identificação de um dado e específico problema) até o momento de sua extinção (instante em que será a política pública ordinária ou extraordinariamente retirada de seu patamar de magnitude social), tendo como norte o *policy cicle*.

1.2.1 Identificação do problema

O primeiro estágio do ciclo de uma política pública envolve a identificação do problema, ainda que, em regra, não seja possível a adoção rígida desse movimento como primeiro passo. O que se quer dizer é que em muitos dos casos essa dinâmica pode estar, e em muitas das situações está, tanto misturada quanto alterada. Porém, não existe margem para dúvidas de que a identificação de um problema seja essencial, e que esse passo deve ocorrer logo no primeiro instante, ou ao menos deve estar diretamente imbricado com os demais estágios iniciais do ciclo de uma política pública.

---

desenvolvimento: as bases epistemológicas e modelos de análise. 3. ed. Brasília: Universidade de Brasília, 2014. p. 37-38.

[28] SOUZA, Celina. Políticas públicas: uma revisão da literatura. *Sociologias*, Porto Alegre, ano 8, n. 16, p. 20-45, jul./dez. 2006.

Deve-se destacar que "um problema é a discrepância entre o *status quo* e uma situação ideal [desejável e] possível",[29] lógica, esta, diretamente relacionada aos problemas de ordem pública, isto é, a situações reais que requeiram atividades dotadas de magnitude social. Nesta linha, um problema público pode subitamente aparecer ou gradualmente se corporificar, até o ponto em que ele possa ser observado sob as lentes analíticas de uma política pública. Esse problema público também pode ser de longa data, sempre tendo estado presente, porém nunca tendo sido visto desta maneira – de uma questão dotada de magnitude social.

Fato é que a identificação do problema é o estágio primeiro (inicial) para que a etapa seguinte – a de formação de uma agenda – seja estruturada com essas bases de prioridades. Busca-se, com a identificação do problema, criar uma lista de prioridades, suporte que deve ser dado justamente no problema a ser enfrentado. Saber o que ele trata, quem está envolvido, quem serão os afetados e, muito especialmente, como aqueles diretamente relacionados poderão observar o advento dessa postura é de elevada importância para que os próximos passos sejam firmes.

Desse modo, todo o problema social e público deve ser visto como uma construção coletiva, nunca como algo ou alguma demanda individual. Qualquer definição que se pretenda dar a um problema que se tenha como objetivo resolver por meio de uma política pública surge de interações entre os atores envolvidos em dada situação particular considerada problemática, o que pode implicar conflito entre distintos grupos. Nesse sentido, não são todos os problemas que irão se converter em problemas públicos, isto é, dotados de magnitude social e relevância, nem todos os problemas públicos alcançam o estágio pelo qual se inicia o processo que pode culminar em decisões públicas.[30]

Portanto, um dos principais focos de uma política pública está em identificar o problema que será objeto de correção, seja essa resposta total ou parcial, o que resultará em avaliar o seu impacto tanto sobre o sistema político (*politics*) quanto sobre a sociedade política (*polity*), além das instituições e das regras que irão modelar a sua decisão e implementação. Trata-se de um passo inicial, que deve ser sólido.

---

[29] SECCHI, Leonardo. *Políticas públicas*: conceitos, esquemas de analise, casos práticos. 2. ed. São Paulo: Cengage Learning, 2013. p. 44.

[30] DIAS, Genebaldo Freire. *Antropoceno*: iniciação à temática ambiental. São Paulo: Gaia, 2002. p. 68-70.

1.2.2 Formação da agenda

A formação da agenda significa elevar um problema de magnitude social a um grau de relevância ao qual até então ele não havia sido alçado. É, sem sombra de dúvida, retirar o problema de um grupo comum e corriqueiro de situações que não apresentam magnitude suficiente para ser ele inserido no estágio seguinte do ciclo da política pública, o da formação da agenda.

Existem três tipos de agenda. A primeira, chamada de agenda política (ou agenda sistêmica), envolve um conjunto de problemas ou temas que a comunidade política percebe como merecedor de intervenção pública. A segunda, a agenda formal (ou agenda institucional), elenca os problemas que o Poder Público decidiu que serão enfrentados. A terceira, a agenda da mídia, ainda que não seja unanimemente aceita, merece ser lembrada, pois envolve problemas ou situações que recebem tanta e tamanha atenção dos meios de comunicação ao ponto de serem inseridos na agenda formal ainda que não tenham sido vistos como realmente necessários.[31]

Uma das principais teorias para se explicar a formação da agenda é a chamada teoria do equilíbrio pontuado, isto é, existe um revezamento entre períodos de estabilidade e outros de emergência de problemas, sendo o primeiro a manutenção de uma situação já consolidada e o segundo envolvendo um cenário de rupturas.

Segundo Roger William Cobb e Charles Elder,[32] são três as condições para que um problema entre na agenda, que podem ser assim elencados: (i) atenção – a situação deve ser entendida como merecedora de atenção por diferentes atores, (ii) resolutividade – as ações imaginadas devem ser tanto necessárias quanto factíveis, e (iii) competência – o problema identificado e prestes a ser inserido na agenda deve tocar responsabilidades públicas, isto é, situações que possuam magnitude social.

A formação da agenda determina o que será ou não incluído nas prioridades da Administração Pública em termos de orçamento, de mecanismos de formulação e implementação de políticas públicas, além da forma de atuação em relação de grupos sociais específicos. Neste sentido, também serão delimitadas as arenas decisórias, pois toda a

---

[31] SECCHI, Leonardo. *Políticas públicas*: conceitos, esquemas de analise, casos práticos. 2. ed. São Paulo: Cengage Learning, 2013. p. 46.

[32] COBB, Roger William; ELDER, Charles. *Participation in American politics*: the dynamics of agenda-building. Baltimore: Johns Hopkins University Press, 1983.

CAPÍTULO 1
O CICLO DE POLÍTICAS PÚBLICAS E A LEI DA POLÍTICA NACIONAL DE RESÍDUOS SÓLIDOS | 35

formação de uma agenda envolve um processo altamente seletivo, em que concorrem os problemas com diversas hierarquias de prioridades.[33]

Logo, a montagem da agenda, em essência, trata do reconhecimento de que existe algum problema a requerer atenção adicional, ainda que a seleção para este passo possa ser o mais crítico entre os estágios do ciclo de uma política pública. O que acontece nessa etapa inicial possui um decisivo impacto em todo o processo político e nos seus resultados.[34]

1.2.3 Formulação de alternativas

Identificado o problema e superado o estágio seguinte com a percepção da sua relevância, o problema estará na agenda, o que demandará um próximo passo, que consiste na formulação de alternativas. A formulação de alternativas com objetivo de se alcançar soluções "se desenvolve por meio de escrutínios formais ou informais das consequências do problema, e dos potenciais custos e benefícios de cada alternativa disponível".[35] Em outras palavras, pode-se dizer que os resultados da política pública são pensados nesse momento, oportunidade em que atores – políticos, analistas e todos os demais envolvidos – expõem o que esperam de determinada política pública.

Estabelecidos os objetivos da política pública, estes poderão ser alcançados de diversas formas e por mais de um caminho. Por isso, o estabelecimento de objetivos na formulação de alternativa é de elevada importância para que se consiga nortear o desenvolvimento das etapas posteriores, como é o caso da tomada de decisão, da implementação, da avaliação e, como último e mais esperado estágio, a da extinção da política pública após ter ela sido bem-sucedida (ou não). Alcançar esse estágio significa dizer que, entre as alternativas formuladas à época, a que foi adotada era a melhor opção, ou ao menos se revelou ser o melhor caminho, pois alcançou integralmente os objetivos inicialmente delineados da política pública.

---

[33] DIAS, Genebaldo Freire. *Antropoceno*: iniciação à temática ambiental. São Paulo: Gaia, 2002. p. 73.

[34] HOWLETT, Michel; RAMESH, M; PERL, Anthony. *Política pública*: seus ciclos e subsistemas – uma abordagem integral. 3. ed. Tradução de Francisco G. Heidemann. São Paulo: Campus/Elsevier, 2013. p. 103-104.

[35] SECCHI, Leonardo. *Políticas públicas*: conceitos, esquemas de analise, casos práticos. 2. ed. São Paulo: Cengage Learning, 2013. p. 48.

Pode-se destacar que à disposição dos formuladores das alternativas existam ao menos quatro mecanismos para que se consiga induzir o comportamento daqueles diretamente afetados por uma política pública.[36] O primeiro seria a instituição de premiação, o que significa influenciar comportamentos com estímulos positivos, como é o caso de recompensas materiais, por exemplo. O segundo envolve a coerção, que significa justamente o oposto da premiação, pois visa influenciar comportamentos com estímulos negativos, o que ocorre com a criação de leis e a garantia de que elas serão observadas, por exemplo.

O terceiro mecanismo à disposição dos formuladores de alternativas trata da conscientização, isto é, influenciar comportamentos por meio da construção e do apelo ao senso de dever moral, o que ocorre com campanhas midiáticas de conscientização, por exemplo. O quarto, e último dos mecanismos, envolve soluções técnicas. Neste caso, o comportamento não é influenciado diretamente, pois o objetivo é aplicação de soluções práticas que acabem por recair sobre o comportamento de forma indireta, o que pode ser exemplificado por meio de materiais e tecnologias que melhor possibilitem determinada política pública.

Segundo Francisco Gabriel Heidemann,[37] o processo de formulação de uma política pública se refere "ao processo de criação e determinação das possíveis soluções para os problemas da política pública" ou, para que se diga de outra maneira, "para a exploração das várias opções ou cursos alternativos de ação disponíveis a seu enfrentamento". Nesse estágio do ciclo de uma política pública – prossegue o autor –, é realizada "a identificação, o refinamento e a formalização das opções políticas que poderão ajudar a resolver os problemas reconhecidos no estágio da montagem da agenda". Por essa razão – insiste o autor –, tanto a definição quanto a ponderação dos méritos e riscos das várias opções "constituem a substância da atividade de formulação de uma política pública, cabendo-lhe tipicamente certo grau de 'análise política' a guisa de componente crítico".

---

[36] SECCHI, Leonardo. *Políticas públicas*: conceitos, esquemas de analise, casos práticos. 2. ed. São Paulo: Cengage Learning, 2013. p. 49.

[37] HEIDEMANN, Francisco G. Do sonho do progresso às políticas de desenvolvimento. In: HEIDEMANN, Francisco G.; SALM, José Francisco (Orgs.). *Políticas públicas e desenvolvimento*: as bases epistemológicas e modelos de análise. 3. ed. Brasília: Universidade de Brasília, 2014. p. 38-39.

1.2.4 Tomada de decisão

Sucedendo a formulação de alternativas, a tomada de decisão "representa o momento em que os interesses dos atores são equacionados e as intenções (objetivos e métodos) de enfrentamento de um problema são explicitados", o que pode ser estruturado ao longo de três linhas básicas.[38]

Na primeira situação, os tomadores de decisão possuem problemas e, para solucioná-los, buscam (procuram) por soluções. Trata-se de uma relação de mão única em que o problema caminha na direção de uma solução, o que caracteriza um modelo de racionalidade. Tal modelo, ainda que possa apresentar inúmeras e positivas respostas, esbarra em situações simples, como exemplo, nem sempre o problema é nitidamente percebido. Em muitas das situações os objetivos não são claros ou não estão perfeitamente coerentes com o problema identificado, além do fato de nem sempre existirem soluções para determinado problema ou ao menos a solução imaginada ou desejada.

Na segunda situação, os eventos ocorrem de forma simultânea, isto é, problemas e soluções vão se ajustando em um processo de sucessivas comparações limitadas. Trata-se de modelo singularmente proposto por Charles Lindblom, uma espécie de contraposição ao primeiro modelo com foco eminentemente racional.[39] Suponhamos que um gestor público recebesse a incumbência de elaborar determinada política pública voltada à inflação. É com este exemplo que Charles Lindblom desenvolve o seu raciocínio.

Primeiramente, o gestor público listaria todas as possibilidades (pleno emprego, lucro etc.), para em seguida classificar todos os resultados ou todas as consequências possíveis de sua decisão (seriam necessários valores e todas as variáveis acerca de cada decisão que poderá ser adotada) e, por fim, compararia todas as alternativas (buscar-se-ia saber qual escolha produziria o melhor resultado).

Sob outra perspectiva, demandado a pensar e a estruturar uma política pública inflacionária, outro gestor público poderia adotar as bases já existentes, nelas fazer alguns ajustes, porém seguir adiante,

---

[38] SECCHI, Leonardo. *Políticas públicas*: conceitos, esquemas de analise, casos práticos. 2. ed. São Paulo: Cengage Learning, 2013. p. 51.

[39] LINDBLOM, Charles Edward. Muddling through 1: a ciência da decisão incremental. In: HEIDEMANN, Francisco Gabriel; SALM, José Francisco (Orgs.). *Políticas públicas e desenvolvimento*: bases epistemológicas e modelos de análise. 3. ed. Brasília: UnB, 2014. p. 171-190.

tendo como histórico os resultados do passado, o que, segundo avaliou e com os ajustes realizados, permitirá que ele siga em frente com resultados mais objetivos e concretos. Segundo ensinado por Charles Lindblom, "não se decide uma política de uma vez por todas; ela é formulada e reformulada indefinidamente",[40] o que é uma característica marcante do método incremental (a política pública incrementa-se e ganha corpo a cada estágio do seu desenvolvimento).

A terceira das situações, por mais inusitada que possa ser, ocorre no momento em que os tomadores de decisão possuem soluções e correm, quase que literalmente, atrás dos problemas. Trata-se de uma lógica inversa daquela em que os problemas procuram por soluções, pois agora são as soluções que estarão em busca de problemas para serem elas testadas.[41] Segundo este modelo, *garbage can*, ou "lata de lixo", as escolhas de políticas públicas são feitas como se as alternativas estivessem em uma "lata de lixo". Ou seja, existem vários problemas e poucas soluções, o que significa dizer que estas não seriam detidamente analisadas e dependeriam do leque de soluções que os decisores (*policy makers*) têm no momento.[42]

1.2.5 Implantação da política pública

O estágio seguinte consiste na implementação da política pública, que resulta da tomada de decisão e se encontra à frente da avaliação, o que significa dizer que "a fase de implementação é aquela em que regras, rotinas e processos sociais são convertidos de intenções em ações".[43] Sem sombra de dúvidas é o primeiro passo concreto e efetivo de uma política pública, por isso, fortemente imersa em um verdadeiro emaranhado de elementos técnicos, administrativos e inúmeros outros, que acabam por dificultar, ou até mesmo impedir, a mais bem elaborada e planejada das políticas públicas.

---

[40] LINDBLOM, Charles Edward. Muddling through 1: a ciência da decisão incremental. In: HEIDEMANN, Francisco Gabriel; SALM, José Francisco (Orgs.). *Políticas públicas e desenvolvimento*: bases epistemológicas e modelos de análise. 3. ed. Brasília: UnB, 2014. p. 175.

[41] SECCHI, Leonardo. *Políticas públicas*: conceitos, esquemas de analise, casos práticos. 2. ed. São Paulo: Cengage Learning, 2013. p. 51-52.

[42] SOUZA, Celina. Políticas públicas: uma revisão da literatura. *Sociologias*, Porto Alegre, ano 8, n. 16, p. 20-45, jul./dez. 2006.

[43] SECCHI, Leonardo. *Políticas públicas*: conceitos, esquemas de analise, casos práticos. 2. ed. São Paulo: Cengage Learning, 2013. p. 55.

Segundo Paul Sabatier, a implementação de uma política pública pode ocorrer de duas maneiras. Na primeira, verifica-se o modelo *top-down*, ou de cima para baixo, o que caracteriza uma nítida separação entre o momento de tomada da decisão e o da sua implementação, ainda que tais etapas sejam consecutivas. No segundo modelo de implementação, o modelo *bottom-up*, de baixo para cima, verifica-se uma maior maleabilidade para se modelar a implementação de uma política pública, especialmente na possibilidade de burocratas e atores se auto-organizarem.[44]

Deve-se destacar que Paul Sabatier defende a importância do papel do analista em políticas públicas, pois a realidade, segundo argumenta, é essencialmente complexa. Neste sentido, as teorias existentes em matéria de políticas públicas são essenciais às realidades a serem pensadas, estruturadas e implementadas, não sendo possível (e assim deveria ser) abandonar determinado modelo em detrimento de outro, devendo, em verdade, serem todos conectados e interconectados.

Em resumo, a importância de se estudar a fase de implementação de determinada política pública está na possibilidade de se visualizar, por meio de instrumentos analíticos mais estruturados, os obstáculos e as falhas que costumam ocorrer nessa etapa do processo nas diversas áreas das políticas públicas, como saúde, educação, saneamento, resíduos sólidos, por exemplo. Para ir além, pode-se dizer que o estudo da implementação significa visualizar equívocos anteriores à tomada de decisão, o que significa detectar problemas mal formulados, objetivos incorretamente traçados, otimismos exagerados, entre outros.[45]

1.2.6 Avaliação da política pública

Implementada a política pública, passa-se para o estágio seguinte que consiste em sua avaliação, momento em que também serão aferidos tanto a validade das propostas quanto o sucesso, ou mesmo a falha, dos projetos colocados em prática. Referidas avaliações poderão ocorrer em três momentos, que podem ser temporalmente localizados como anterior (*ex ante*), posterior (*ex post*) ou mesmo durante (*in itinere*) a implementação de uma política pública. Deve-se destacar que avaliação é a etapa "do ciclo de políticas públicas em que o processo de

---

[44] SABATIER, Paul. A. *Theories of the policy process*. Boulder: Westview Press, 1999.
[45] DIAS, Genebaldo Freire. *Antropoceno*: iniciação à temática ambiental. São Paulo: Gaia, 2002. p. 83.

implementação e o desenvolvimento da política pública são examinados com o intuito de conhecer melhor a política e o nível de redução do problema que a gerou".[46]

Ao analisar políticas públicas, os cientistas políticos têm se preocupado em como as decisões estão sendo tomadas, isto é, quais os fatores que influenciam o processo de decisão e quais as características desse processo (cientistas políticos intrinsecamente ligados ao poder, aos fundamentos das decisões e seus processos). Neste sentido, avaliação política significa o estágio que antecede o momento da avaliação de políticas públicas, pois este consiste em analisar e elucidar critérios que fundamentam determinada política pública: as razões que a tornam preferível a qualquer outra. Assim, análise é avaliação da política, enquanto avaliação é análise da política pública.[47]

A avaliação de uma política pública pode ser descrita como área da pesquisa que tem por objetivo medir a utilidade e os benefícios da intervenção pública por meio da implementação de um conjunto de técnicas utilizadas em diferentes campos das ciências sociais. Nesta perspectiva, o conceito de avaliação não deve ser visto como etapa final do processo de planejamento de uma política pública, porém como fruto de uma visão integrada, em que a avaliação é realizada em todas as esferas e etapas de concepção dos programas.

Avalia-se, neste sentido, a pertinência e a coerência dos problemas, os objetivos e os instrumentos envolvidos, o processo de implantação da política pública e, muito especialmente, os seus resultados, o que poderá conduzir ajustes de rota ou mesmo caminhar no sentido de sua extinção, tenha ela atingido ou não os seus resultados.[48]

Por fim, prudente dizer que, no Brasil, apesar de ter sido aritmético o alargamento do campo das políticas públicas nos últimos anos, quiçá, geométrico, ainda são escassas as avaliações sistematizadas envolvendo estudos de (e sobre) determinadas políticas públicas. Neste sentido, a reflexão se torna mais difícil, porém muito mais frutífera sempre que algum tema de relevo e impacto social pode (e deve) passar pelo crivo avaliativo. Somente assim será possível continuar naquela

---

[46] SECCHI, Leonardo. *Políticas públicas*: conceitos, esquemas de analise, casos práticos. 2. ed. São Paulo: Cengage Learning, 2013. p. 63.

[47] FIGUEIREDO, Marcus Faria; FIGUEIREDO, Argelina Maria Che“burb. Avaliação política e avaliação de políticas: um quadro de referências teóricas. *Revista João Pinheiro*, Belo Horizonte, ano 1, n. 3, p. 107-127, set./dez. 1986.

[48] DIAS, Genebaldo Freire. *Antropoceno*: iniciação à temática ambiental. São Paulo: Gaia, 2002. p. 84.

direção e sentido ou, de acordo com as circunstâncias aferidas, imprimir novo rumo e rota, ou até mesmo extinguir determinada política pública.

1.2.7 Extinção da política pública

Ultrapassadas todas as etapas anteriormente desenvolvidas acerca do ciclo de uma política pública, chega-se ao seu último e desejado estágio que é a sua extinção. Desejado por um lado, situação em que todo o planejamento alcançou os seus objetivos, extinguindo-se como deveria ocorrer.

Não muito desejado, por outro, pelo fato de sua extinção significar que ela não atingiu as pretensões para as quais foi desenvolvida, esgotando-se as suas forças sem os resultados pretendidos. A extinção de uma política pública ocorrerá quando o problema que a originou passar a ser visto como resolvido, quando as suas ações passarem a ser percebidas como não sendo mais eficazes ou, ainda, quando o problema não tenha sido resolvido, porém, tenha ele perdido a sua importância e, portanto, saído tanto da agenda política quanto da agenda formal. A magnitude que o alavancou aos holofotes não mais existe.

Neste estágio – concluída a fase de avaliação –, estar-se-á diante da possibilidade de tomada de uma decisão que poderá caminhar em pelo menos três linhas de desfecho. O primeiro dos caminhos implicará a continuidade da política pública, situação que será observada sempre que as irregularidades detectadas na avaliação não forem relevantes o bastante para alterar o seu rumo e rota.

A segunda possibilidade será a sua reestruturação, o que significa dizer que na avaliação foram percebidos alguns problemas que, embora não sejam graves, clamam por ajustes necessários para que a referida política pública atinja ordinariamente o estágio final do seu ciclo, extinguindo-se com os resultados inicialmente almejados ou, ao menos, com os adotados em sua reestruturação.

A terceira das direções possíveis envolve a extinção propriamente dita da política pública, situação que será adotada sempre que o problema tenha sido resolvido (a política pública alcançou plenamente o seu resultado pretendido), quando as irregularidades em sua implantação não possam ser mais sanadas (os equívocos nos estágios anteriores não permitem que sequer a política pública possa ser reestruturada) ou em situações em que a política pública se torna desnecessária pelo natural término do problema (o problema que lhe deu origem e a fez avançar no ciclo da política pública não mais persiste, tendo sido solvido por vias naturais).[49]

1.3 A Lei da Política Nacional de Resíduos Sólidos

A União, no exercício constitucional de sua competência legislativa plena sobre temas transversais atrelados ao saneamento, tanto estabeleceu as diretrizes nacionais relativas ao saneamento brasileiro propriamente dito quanto instituiu a política nacional de resíduos sólidos. Com a Lei nº 11.445, de 5.1.2007, Lei de Diretrizes Nacionais de Saneamento Básico, e a Lei nº 12.305, de 2.8.2010, Política Nacional de Resíduos Sólidos, fixaram-se as bases nacionais em matérias de extrema relevância no cenário brasileiro, o que ensejou o estabelecimento de princípios, objetivos e instrumentos diretores dessas políticas públicas e de seus respectivos planos de ação.

Aprovada a Lei da Política Nacional de Resíduos Sólidos, verdadeira política pública – insista-se mais uma vez –, depois de mais de vinte anos de debates e discussões no Congresso Nacional, referido marco legal possui como um de seus grandes méritos a possibilidade de estabelecer uma linguagem nacional única sobre a matéria. Permite-se agora um diálogo institucional envolvendo todos os entes federativos – União, estados, Distrito Federal e municípios –, além do setor produtivo e da sociedade civil em geral na busca de soluções para problemas nacionais que comprometam a qualidade de vida local, regional e nacional dos brasileiros.

Qualificada e conceituada a discussão, novos passos sobre o tema foram estruturados. A responsabilidade compartilhada, por exemplo, fez com que a sociedade – cidadãos, governos, setor privado e sociedade civil organizada – passasse a ser responsável pela gestão ambientalmente correta e adequada dos resíduos sólidos. Utilizando-se mais uma vez do pioneirismo de Ulrich Beck – repita-se –, é "o *fim dos 'outros'*, o fim de todas as nossas bem cultivadas possibilidades de distanciamento".[50]

Cada indivíduo passou a ser responsável pelo lixo que produz, ou, melhor e mais acertadamente, pelos resíduos sólidos gerados, o

---

[49] DIAS, Genebaldo Freire. *Antropoceno*: iniciação à temática ambiental. São Paulo: Gaia, 2002. p. 90.

[50] BECK, Ulrich. *Sociedade de risco*: rumo a uma outra modernidade. Tradução de Sebastião Nascimento. São Paulo: Editora 34, 2010. p. 7.

que implica ao longo do tempo novos hábitos de vida, e, por óbvio, de consumo e impactará neles. A União, os estados, o Distrito Federal e os municípios, por meio de suas respectivas Administrações Públicas, passaram a ser responsáveis pela elaboração e implementação dos planos de gestão de resíduos sólidos, assim como dos demais instrumentos previstos na referida política nacional, sem a possibilidade de negligenciarem nenhuma das inúmeras variáveis envolvidas na discussão sobre a matéria resíduos sólidos.

O setor privado, por sua vez, não ficou de fora, sendo responsável pelo gerenciamento ambientalmente adequado dos resíduos sólidos, além de sua reincorporação na cadeia produtiva e pelas inovações em produtos que tragam benefícios socioambientais, sempre, e na máxima medida, que isso for tecnologicamente viável e possível.

A figura central para concretizar essas diretrizes encontra-se na elaboração e institucionalização dos planos estaduais e nacional de resíduos sólidos, instrumentos de suma importância em toda essa política pública de âmbito nacional, na medida em que identificam problemas, pressupõem alternativas, e concluem por indicar planos de metas, programas e ações para mudanças positivas sobre o quadro atual.

Nesta perspectiva, as palavras lançadas por Édis Milaré em relação à Lei da Política Nacional de Resíduos Sólidos – "diploma atualizado e motivador, capaz de gerar novas ideias e práticas a respeito de um tema extremamente atual" –[51] caem como uma luva nos planos de resíduos sólidos, estejam eles em curso de elaboração ou já normatizados, carecendo ou não de implementação. Não é por outra razão que a mobilização e a participação social estão intensamente previstas na política nacional de resíduos sólidos, tendência forte e positivamente influenciada pela guinada atual em favor do conceito de saneamento ambiental.[52]

---

[51] MILARÉ, Édis. *Direito do ambiente*. 8. ed. São Paulo: Revista dos Tribunais, 2013. p. 1151.

[52] Este estudo adotará, preferencialmente, a expressão e o conceito de "saneamento ambiental", nos termos desenvolvidos por Ariovaldo Nuvolari (*Dicionário de saneamento ambiental*. São Paulo: Oficina de Textos, 2013. p. 281-282), que afirma ser "[c]onjunto de ações para conservar e melhorar as condições do meio ambiente em benefício da saúde, do bem-estar e da melhoria da qualidade de vida de uma população, [visando] alcançar níveis crescentes de salubridade ambiental, por meio do abastecimento de água potável, coleta e disposição sanitária de resíduos líquidos, sólidos e gasosos, promoção da disciplina sanitária do uso e ocupação do solo, recuperação de áreas degradadas ou contaminadas, drenagem urbana, controle de vetores de doenças transmissíveis, e demais serviços e obras especializados", sem prejuízo da já consolidada ideia de "saneamento básico", que consta na Lei nº 11.445, de 5.1.2007 – Lei de Diretrizes Nacionais de Saneamento Básico – LDNSB.

LAONE LAGO
PLANOS ESTADUAIS DE RESÍDUOS SÓLIDOS – POLÍTICA PÚBLICA, GESTÃO ASSOCIADA E SUSTENTABILIDADE

Na legislação que instituiu a política nacional em matéria de resíduos sólidos consta que a União elaborará, sob a coordenação do Ministério do Meio Ambiente – MMA, o plano nacional de resíduos sólidos, com vigência por prazo indeterminado e horizonte de vinte anos, ensejando sua atualização a cada quatro anos, tendo uma lista de observações como conteúdo mínimo. Destaca-se que o conteúdo mínimo deverá pautar-se mediante processo de mobilização e participação social – sempre –, o que resultará na realização de audiências e/ou consultas públicas (art. 15, parágrafo único, da LPNRS).

O controle social, que consiste em um conjunto de mecanismos e procedimentos que garantam à sociedade informações e participação nos processos de formulação, implementação e avaliação das políticas públicas relacionadas aos resíduos sólidos (art. 3º, inc. VI, da LPNRS), encontra-se expressamente previsto em sete passagens do texto legal.[53] É, inclusive, um dos princípios da Lei da Política Nacional de Resíduos Sólidos, estando ao lado do desenvolvimento sustentável, da responsabilidade compartilhada, da cooperação etc.

Buscando dar voz a essas diretrizes, desde o ano de 2011 iniciaram-se no âmbito da União, sob a coordenação do Ministério do Meio Ambiente – MMA, os trabalhos de elaboração do plano nacional de resíduos sólidos, estando previsto que em sua formulação a sociedade será mobilizada para que participe das discussões. As audiências e consultas públicas, nos termos legalmente previstos na política nacional, destacam-se como sendo as formas de interações e conexão com a sociedade.

Objetivando atender à previsão legal, o documento que consta na página do Ministério do Meio Ambiente – MMA, identificado como "Plano Nacional de Resíduos Sólidos", faz constar que referido estudo é resultado de cinco audiências públicas regionais, além de uma audiência pública nacional e consulta pública via *internet*. Consta ainda no referido documento que nenhum ator social, ainda que em potencial, foi negligenciado. Pelo contrário, tanto posicionamentos diferentes, muitas das vezes diametralmente opostos, quanto em sintonia com as bases trilhadas pelo plano nacional em discussão foram ouvidos em busca de diretrizes e metas consensuadas.[54]

---

[53] LPNRS, art. 3º, incs. VI (definição), XI (gestão integrada de resíduos sólidos); art. 6º, inc. X (princípio); art. 8º, inc. XIV (instrumentos); art. 14, parágrafo único (disposição geral dos planos de resíduos sólidos); art. 15, inc. XI (Plano Nacional de Resíduos Sólidos); e art. 17, inc. XII (planos estaduais de resíduos sólidos).

[54] BRASIL. Ministério do Meio Ambiente. *Plano Nacional de Resíduos Sólidos*. Brasília, 2012. Disponível em: <http://www.sinir.gov.br/documents/10180/12308/PNRS_Revisao_Decreto_280812.pdf/e183f0e7-5255-4544-b9fd-15fc779a3657> Acesso em: 17 maio 2014.

Além dessa interação com a sociedade na etapa de elaboração, e objetivando atender aos meios para controle e fiscalização no âmbito nacional, o Decreto nº 7.404, de 23.12.2010, que regulamentou a política nacional fez constar previsão anual de avaliação do plano nacional de resíduos sólidos. Na linha deste calendário, as medidas adotadas e os resultados obtidos no ano anterior servirão de base às metas e diretrizes do ano seguinte. Com estas informações, serão realizadas pelo menos duas audiências e uma consulta pública para discutir proposta preliminar de avaliação anual, além dos estudos e relatórios que a fundamentam, resultando na aprovação de um relatório final, ao qual deverá se dar ampla publicidade.

Portanto, percebe-se que a política nacional em matéria de resíduos sólidos possui, em sua essência, especialmente na figura dos planos de resíduos sólidos, concepção implícita e explicita acerca da necessidade de uma avaliação constante e frequente, estabelecendo uma verdadeira conexão com o ciclo da política pública (círculo virtuoso, verdadeiro processo positivo de alimentação e retroalimentação). Nesta linha, consta expressamente na referida política pública que tanto o horizonte dos planos de resíduos sólidos será limitado em vinte anos quanto a sua atualização deverá ocorrer a cada quatro anos, desconhecendo-se que alguma revisão tenha sido realizada – fato é que o plano nacional de resíduos sólidos ainda se encontra no papel.[55]

1.3.1 Considerações iniciais: objeto, campo de aplicação e definições

A Lei da Política Nacional de Resíduos Sólidos, ao estabelecer as suas disposições gerais, teve como objetivo expor acerca do seu objeto, delimitar o seu campo de aplicação e, muito especialmente, estabelecer as suas definições básicas, conjunto de entendimentos enumerados em seu segundo capítulo que serão empregados ao longo de todo o texto legal. Pode-se dizer que seu primeiro capítulo privilegia e objetiva respeitar a técnica legislativa brasileira que instituiu padrões para elaboração, redação, alteração e consolidação da legislação, reverenciando-a, isto é, o art. 1º do texto legal indica o objeto da norma e o seu respectivo âmbito de aplicação.[56]

---

[55] BRASIL. Ministério do Meio Ambiente. *Plano Nacional de Resíduos Sólidos*. Disponível em: <http://www.sinir.gov.br/web/guest/plano-nacional-de-residuos-solidos>. Acesso em: 15 out. 2016.

[56] Art. 7º da Lei Complementar nº 95, de 25.2.1998 – "O primeiro artigo do texto indicará o objeto da lei e o respectivo âmbito de aplicação [...]".

46 LAONE LAGO
PLANOS ESTADUAIS DE RESÍDUOS SÓLIDOS – POLÍTICA PÚBLICA, GESTÃO ASSOCIADA E SUSTENTABILIDADE

Seu objeto está definido logo no seu art. 1º, fazendo constar que a lei que instituiu a Lei da Política Nacional de Resíduos Sólidos dispõe sobre seus princípios, objetivos e instrumentos, além de estabelecer as diretrizes em matéria de gestão integrada e gerenciamento de resíduos sólidos. Nesta banda, fez constar ainda a inclusão dos resíduos sólidos perigosos, das responsabilidades dos geradores e do Poder Público, bem como os instrumentos econômicos aplicáveis (art. 1º da LPNRS).

Consta ainda na referida política pública nacional que estão sujeitas às suas normas pessoas físicas ou jurídicas, de direito público ou privado, responsáveis direta ou indiretamente pela geração de resíduos sólidos e as que desenvolvam ações relacionadas à gestão integrada ou ao gerenciamento de resíduos sólidos (art. 10, §1º, da LPNRS). Excepcionou-se, no entanto, os rejeitos radioativos, mantidos sob o regulamento de legislação específica.[57]

Consta ainda na norma em comento que aos resíduos sólidos serão aplicados os dispositivos das leis nº 11.445, de 5.1.2007,[58] nº 9.974, de 6.6.2000[59] e nº 9.966, de 28.4.2000.[60] Quanto ao saneamento, a interface é notória, pois a noção atual de saneamento ambiental – mais ampla em relação ao saneamento básico – envolve os quatro modais, que são abastecimento de água potável, esgotamento sanitário, limpeza urbana e manejo de resíduos sólidos, além da drenagem e manejo das águas pluviais, limpeza e fiscalização preventiva das respectivas redes urbanas.

No que tange aos resíduos sólidos relacionados aos agrotóxicos (Lei nº 7.802, de 11.7.1989, alterada pela Lei nº 9.974, de 6.6.2000), as normas também estão imbricadas nas disposições que envolvem a

---

[57] Lei nº 10.308, de 20.11.2001 – "Dispõe sobre a seleção de locais, a construção, o licenciamento, a operação, a fiscalização, os custos, a indenização, a responsabilidade civil e as garantias referentes aos depósitos de rejeitos radioativos, e dá outras providências".

[58] Lei nº 11.445, de 5.1.2007, Lei de Diretrizes Nacionais de Saneamento Básico – "Estabelece diretrizes nacionais para o saneamento básico; [...]".

[59] Lei nº 9.974, de 6.6.2000 – "Altera a Lei nº 7.802, de 11 de julho de 1989, que dispõe sobre a pesquisa, a experimentação, a produção, a embalagem e rotulagem, o transporte, o armazenamento, a comercialização, a propaganda comercial, a utilização, a importação, a exportação, o destino final dos resíduos e embalagens, o registro, a classificação, o controle, a inspeção e a fiscalização de agrotóxicos, seus componentes e afins, e dá outras providências".

[60] Lei nº 9.966, de 28.4.2000 – "Altera a Lei nº 7.802, de 11 de julho de 1989, que dispõe sobre a pesquisa, a experimentação, a produção, a embalagem e rotulagem, o transporte, o armazenamento, a comercialização, a propaganda comercial, a utilização, a importação, a exportação, o destino final dos resíduos e embalagens, o registro, a classificação, o controle, a inspeção e a fiscalização de agrotóxicos, seus componentes e afins, e dá outras providências".

responsabilidade pós-consumo do setor produtivo. Não é por outra razão que consta na referida legislação norma expressa quanto à responsabilidade das empresas produtoras e comercializadoras de agrotóxicos, seus componentes e afins, pela destinação das embalagens vazias dos produtos por elas fabricados e comercializados, após a devolução pelos usuários.[61]

A legislação que altera o normativo sobre agrotóxicos (Lei nº 9.966, de 28.4.2000), também está interconectada com a Lei da Política Nacional de Resíduos Sólidos, pois, ao dispor sobre a prevenção, o controle e a fiscalização da poluição causada por lançamento de óleo e outras substâncias nocivas ou perigosas em águas sob jurisdição nacional, adentrou ela, ainda que de forma parcial, na definição de resíduos sólidos, isto é, líquidos cujas particularidades tornem inviável o seu lançamento na rede pública de esgotos ou em corpos d'água (art. 3º, inc. XVI, da LPNRS).

A Lei da Política Nacional de Resíduos Sólidos conclui as delimitações de seu campo de atuação ao estabelecer que serão aplicadas aos resíduos sólidos as normas dos órgãos do Sistema Nacional do Meio Ambiente (Sisnama), do Sistema Nacional de Vigilância Sanitária (SNVS), do Sistema Unificado de Atenção à Sanidade Agropecuária (Suasa) e do Sistema Nacional de Metrologia, Normalização e Qualidade Industrial (Sinmetro).

Definido seu objeto e delimitado seu campo de atuação, na sequência, a legislação que instituiu a política pública nacional em matéria de resíduos sólidos apresenta as suas definições, todas de suma importância e listadas em ordem alfabética. A primeira delas envolve o acordo setorial, que consiste em ser um ato de natureza contratual firmado entre o Poder Público e fabricantes, importadores, distribuidores ou comerciantes, tendo em vista a implantação da responsabilidade compartilhada pelo ciclo de vida do produto (art. 3º, inc. I, da LPNRS). Sob tais bases, pode-se dizer que "os acordos setoriais terão aplicação concreta especialmente no âmbito das normas de responsabilidade pós-consumo ou, adotando a terminologia da própria

---

[61] Art. 6º, §5º, da Lei nº 7.802, de 11.7.1989, alterada pela Lei nº 9.974, de 6.6.2000 – "As empresas produtoras e comercializadoras de agrotóxicos, seus componentes e afins, são responsáveis pela destinação das embalagens vazias dos produtos por elas fabricados e comercializados, após a devolução pelos usuários, e pela dos produtos apreendidos pela ação fiscalizatória e dos impróprios para utilização ou em desuso, com vistas à sua reutilização, reciclagem ou inutilização, obedecidas as normas e instruções dos órgãos registrantes e sanitário-ambientais competentes".

[norma], da responsabilidade compartilhada pelo ciclo da vida dos produtos e da logística reversa".[62]

Trata-se de documento celebrado entre o Poder Público e todos os participantes do processo produtivo e mercadológico, o que configura ser um instrumento voltado para o estabelecimento de responsabilidades. Ainda que, via de regra, o acordo setorial envolva ato contratual unilateral (obrigações inerentes a apenas uma das partes – fabricantes, importadores, distribuidores e comerciantes), o Poder Público terá o ônus de estimular e incentivar a celebração desses acordos.[63]

Além dos requisitos legais indispensáveis para a apresentação de uma proposta de acordo setorial,[64] o seu procedimento de implementação poderá ser iniciado ou pelo Poder Público ou pelos fabricantes, importadores, distribuidores ou comerciantes dos produtos e embalagens.[65] As propostas ofertadas serão postas em consulta pública, sendo do comitê orientador a palavra final, que poderá ser pela aceitação (serão os representantes do setor convidados para assinatura do acordo), pela solicitação de complementação (ajustes para uma nova apreciação) ou pelo arquivamento (hipótese em que não há consenso na negociação do acordo).[66]

O acordo setorial, portanto, reflete a voluntariedade dos agentes que formalmente se manifestam e passam a se obrigar "ao cumprimento de prestações nele previstas, com vistas a possibilitar a fiscalização, o balancete dos resultados positivos e negativos, a individualização das responsabilidades, além de outras informações".[67]

---

[62] ARAÚJO, Suely Mara Vaz Guimarães de; JURAS, Iliada da Ascenção Garrido Martins. *Comentários à Lei dos resíduos sólidos*: Lei nº 12.305, de 2 de agosto de 2010 (e seu regulamento). São Paulo: Pillares, 2011. p. 46-47.

[63] Decreto nº 7.404, de 23.12.2010, art. 20, §1º – "Os acordos setoriais iniciados pelo Poder Público serão precedidos de editais de chamamento, conforme procedimento estabelecido nesta Subseção".

[64] Decreto nº 7.404, de 23.12.2010, art. 23 – "Os acordos setoriais visando a implementação da logística reversa deverão conter, no mínimo, os seguintes requisitos: [...]".

[65] Decreto nº 7.404, de 23.12.2010, art. 20, *caput* – "O procedimento para implantação da logística reversa por meio de acordo setorial poderá ser iniciado pelo Poder Público ou pelos fabricantes, importadores, distribuidores ou comerciantes dos produtos e embalagens referidos no art. 18".

[66] Decreto nº 7.404, de 23.12.2010, art. 29, incs. I, II e III – "Concluída a avaliação a que se refere o art. 28, o Ministério do Meio Ambiente – MMA a enviará ao Comitê Orientador, que poderá: aceitar a proposta, hipótese em que convidará os representantes do setor empresarial para assinatura do acordo setorial; solicitar aos representantes do setor empresarial a complementação da proposta de estabelecimento de acordo setorial; ou determinar o arquivamento do processo, quando não houver consenso na negociação do acordo".

[67] GUERRA, Sidney. *Resíduos sólidos*: comentários à Lei 12.305/2010. Rio de Janeiro: Forense, 2012. p. 54.

Na sequência, trata a norma da área contaminada, entendida como o local onde há contaminação causada tanto pela disposição regular quanto irregular de quaisquer substâncias ou resíduos (art. 3º, inc. II, da LPNRS). A disposição final, regular ou não, que resultar em poluição de determinada área, ensejará sempre o emprego dos meios reversivos disponíveis e tecnologicamente viáveis, tendo como finalidade minimizar ou, idealmente, eliminar todos os efeitos advindos da degradação. O que significa dizer que ultrapassar os estágios procedimentais para obtenção de autorização de uso de determinada área não afasta o dever do autorizado em sempre buscar os meios menos gravosos ao ambiente.

A próxima das definições tratadas pela legislação envolve áreas contaminadas cujos responsáveis pela disposição não sejam identificáveis ou individualizáveis, o que a lei define como área órfã contaminada (art. 3º, inc. III, da LPNRS). Duas são as circunstâncias em que se estará diante de uma área órfã contaminada – insista-se –, isto é, seja o agente ou sejam os agentes causadores desconhecidos ou a individualização de suas responsabilidades reste impossível.

As áreas órfãs contaminadas, via de regra, serão sempre de responsabilidade do Poder Público, porém a própria legislação ressalvou que se promovida a sua descontaminação, e o(s) responsável(is) for(em) identificado(s), terá(ão) ele(s) que ressarcir(em) integralmente os custos do Poder Público (art. 41, *caput*, e parágrafo único, da LPNRS). A lógica legal nada mais fez do que priorizar o ambiente ao sinalizar que alguém deve responder, ao menos inicialmente, pela área órfã contaminada, no caso o Poder Público. Não pode o ambiente afetado continuar a ser ainda mais afetado pelos efeitos da degradação enquanto procedimentos administrativos ou judiciais de individualização e responsabilização tramitam nas mais diversas e variadas instâncias.

Sem prejuízo, havendo identificação e individualização, deverá o Poder Público ser devidamente ressarcido pelos seus custos com a descontaminação. Poderá, ainda, o Poder Público instituir medidas indutoras via instrumentos econômicos para que a iniciativa privada promova a descontaminação das áreas contaminadas, inclusive das áreas órfãs (art. 42, inc. VI, da LPNRS). Trata-se de medida em que a responsabilidade primeira continua a ser do Poder Público, porém a execução direta passa para as mãos da iniciativa privada.

Segundo Édis Milaré, com a referida previsão – responsabilidade subsidiária do Poder Público por áreas órfãs contaminadas – "espera-se que, gradualmente, as áreas contaminadas sejam remediadas e que, na medida do possível, sejam identificados os responsáveis pela contaminação, para que os cofres públicos sejam ressarcidos".[68] Paulo de Bessa Antunes chama a atenção para a possibilidade de o Poder Público "exigir a contratação de seguro de responsabilidade civil por danos causados ao meio ambiente ou à saúde pública, observadas as regras sobre cobertura e os limites máximos de contratação fixados em regulamento".[69] Ao tratar do seguro, a referida legislação brasileira trouxe tema de suma importância em matéria ambiental, assunto que não pode continuar a ser internamente negligenciado. As discussões avançadas em outros países devem ser conhecidas e refletidas internamente, sob pena de se perder uma ótima oportunidade de realmente enfrentar o dano ambiental e as suas consequências no Brasil.[70]

A próxima definição listada trata do ciclo de vida do produto, o que significa delimitar uma série de etapas que envolvem desde o desenvolvimento do produto, a obtenção de matérias-primas e insumos, o processo produtivo, o consumo até a sua disposição final ambientalmente adequada (art. 3º, inc. IV, da LPNRS). O conceito de ciclo de vida do produto está diretamente associado com o entendimento biológico de ciclo de vida (nascimento, crescimento, maturidade e morte), estando, portanto, diretamente relacionado com a responsabilidade compartilhada pelo ciclo da vida do produto.

Na sequência, a coleta seletiva restou definida como sendo a coleta de resíduos sólidos previamente segregados conforme sua constituição ou composição (art. 3º, inc. V, da LPNRS). Sob a responsabilidade do titular do serviço público de limpeza urbana e manejo de resíduos sólidos, as diretrizes desse sistema de coleta serão estabelecidas via planos de resíduos sólidos.

Ademais, a coleta seletiva está diretamente e umbilicalmente ligada com a destinação de resíduos sólidos e, muito especialmente, com a disposição final ambientalmente adequada de rejeitos, pois se constitui ela na fase preliminar dos processos de tratamento e recuperação dos resíduos, o que significa dizer que é a partir dela que será realizada separação dos materiais reaproveitáveis ou inservíveis.

---

[68] MILARÉ, Édis. *Direito do ambiente*. 8. ed. São Paulo: Revista dos Tribunais, 2013. p. 1196.

[69] ANTUNES, Paulo de Bessa. *Direito ambiental*. 16. ed. São Paulo: Atlas, 2014. p. 1018.

[70] Neste sentido, *vide*, por exemplo: SENDIM, José de Souza Cunhal. *Responsabilidade civil por danos ecológicos*: da reparação do dano através da restauração natural. Coimbra: Coimbra Editora, 1998; FRIERA GONZÁLEZ, Maria del Carmen Sánchez. *La responsabilidade civil del empresário por deterioro del medio ambiente*. Madri: JMBOSCH, 1994; SILVA, Vasco Pereira da. *Verde cor de direito*: lições de direito do ambiente. Coimbra: Livraria Almedina, 2002.

Não é por razão que a implantação do sistema de coleta seletiva resultou regulamentado como instrumento essencial para se atingir a meta de disposição final ambientalmente adequada dos rejeitos, questão de singular importância para a efetividade da Lei da Política Nacional de Resíduos Sólidos.[71]

O controle social, definido como conjunto de mecanismos e procedimentos que garantam à sociedade informações e participação nos processos de formulação, implementação e avaliação das políticas públicas relacionadas aos resíduos sólidos, é o próximo tema abordado e definido pela legislação (art. 3º, inc. VI, da LPNRS). Trata-se de estabelecer de forma clara e direta a participação da sociedade civil nas discussões envolvendo a implementação da referida política pública, o que configura observância ao valor constitucional de que todos têm direito ao meio ambiente ecologicamente equilibrado, impondo-se tanto ao Poder Público quanto à coletividade o dever de defendê-lo e preservá-lo tanto para as atuais quanto para as futuras gerações.

Segundo Martin Stott, para que os governos tenham êxito em ações efetivas em matéria de meio ambiente junto às comunidades locais, três indicadores básicos devem ser observados, quais sejam, a comunidade deve ser descoberta (deve ser de fato vista internamente), algumas regras básicas devem ser claramente estabelecidas (estabelecimento de um diálogo sem surpresas), e, por fim, as regras de participação social devem ser criativamente pensadas (não existe um método certo ou errado, o que existe é um método que atenda àquele caso específico).[72]

A destinação final ambientalmente adequada restou definida como a destinação de resíduos que inclui a reutilização, a reciclagem, a compostagem, a recuperação e o aproveitamento energético ou outras destinações admitidas pelos órgãos competentes, entre elas a disposição final. Em todos esses estágios, devem as normas operacionais serem aplicadas de modo a evitar danos ou riscos à saúde pública e à segurança e a minimizar os impactos ambientais adversos (art. 3º, inc. VII, da LPNRS).

---

[71] Decreto nº 7.404, de 23.12.2010, art. 9º, §1º – "A implantação do sistema de coleta seletiva é instrumento essencial para se atingir a meta de disposição final ambientalmente adequada dos rejeitos, conforme disposto no art. 54 da Lei nº 12.305, de 2010".

[72] STOTT, Martin. Las comunidades locales, el gobierno local y oportunidad de la Agenda 21. In: DELGADO DÍAZ, Carlos Jesús. *Cuba verde*: em busca de um modelo para la sustentabilidad em el siglo XXI. Madrid: José Martí, 1999. p. 270.

A destinação deve ser lida conjunta e diretamente com a disposição final ambientalmente adequada, que, segundo definiu a legislação, significa a distribuição ordenada de rejeitos em aterros, observando normas operacionais específicas (art. 3º, inc. VIII, da LPNRS). Destinação final de resíduos sólidos e a disposição final de rejeitos estão direta e inversamente conectadas. Neste sentido, quanto maior e melhor estruturados estiverem os processos de reutilização (recuperação do resíduo sem que haja alteração ou modificação em sua composição), reciclagem (aproveitamento do resíduos com o emprego de técnicas que alterem a sua composição), compostagem (utilização de resíduos orgânicos decompostos para fabricação de adubos) e aproveitamento energético (geração de energia por meio do processo de incineração ou processamento biológico dos resíduos), menor será a produção de rejeitos.

Deve-se dizer, ainda, que a disposição final ambientalmente adequada envolve a fase final do ciclo de vida de um resíduo. Agora, personificado na figura de rejeito, pois não pode mais ele ser submetido ou já tendo sido permeado por todos os "processos de tratamento e recuperação possíveis, restou inservível, devendo, portanto, ser acomodado em local próprio, de forma a gerar o menor ou, idealmente, nenhum impacto ao ambiente e à saúde humana".[73]

Os geradores de resíduos sólidos, pessoas físicas ou jurídicas, de direito público ou privado, que geram resíduos sólidos por meio de suas atividades, nelas incluído o consumo, também estão definidos pela Lei da Política Nacional de Resíduos Sólidos (art. 3º, inc. IX, da LPNRS). Todos os sujeitos estão envolvidos, não podendo mais se afastarem de suas responsabilidades, isto é, referida definição está direcionada "não apenas aos geradores de resíduos sólidos, mas também àqueles que têm atribuições quanto ao gerenciamento ou à gestão integrada desses resíduos".[74]

O gerenciamento e a gestão integrada de resíduos sólidos estão distintamente definidos na referida política nacional. O gerenciamento consiste em um conjunto de ações exercidas, direta ou indiretamente, nas etapas de coleta, transporte, transbordo, tratamento e destinação final ambientalmente adequada dos resíduos sólidos e disposição final

---

[73] GUERRA, Sidney. *Resíduos sólidos*: comentários à Lei 12.305/2010. Rio de Janeiro: Forense, 2012. p. 69.

[74] ARAÚJO, Suely Mara Vaz Guimarães de; JURAS, Iliada da Ascenção Garrido Martins. *Comentários à Lei dos resíduos sólidos*: Lei nº 12.305, de 2 de agosto de 2010 (e seu regulamento). São Paulo: Pillares, 2011. p. 49.

ambientalmente adequada dos rejeitos (art. 3º, inc. X, da LPNRS). A gestão, por sua vez, envolve um conjunto de ações voltadas para a busca de soluções para os resíduos sólidos, de forma a considerar as dimensões política, econômica, ambiental, cultural e social, com controle social e sob a premissa do desenvolvimento sustentável (art. 3º, inc. XI, da LPNRS).

Pode-se dizer, nesta ótica, que enquanto o gerenciamento diz respeito a uma lógica processual ou operacional, na gestão, em regra, são trabalhados os diferentes tipos de resíduos sólidos ao mesmo tempo. Trata-se, assim, de um conjunto de ações operacionais, de um lado, porém imbricado, por outro, com um conjunto de referências que objetiva estruturar o modelo de administração de resíduos sólidos mais adequado para determinado setor.

A próxima definição listada pela Lei da Política Nacional de Resíduos Sólidos envolve um dos temas mais polêmicos, a logística reversa. Trata-se de instrumento de desenvolvimento econômico e social caracterizado por um conjunto de ações, procedimentos e meios destinados a viabilizar a coleta e a restituição dos resíduos sólidos ao setor empresarial, para reaproveitamento em seu ciclo ou em outros ciclos produtivos, ou outra destinação final ambientalmente adequada (art. 3º, inc. XII, da LPNRS).

A base da logística reversa está na responsabilidade pós-consumo do setor produtivo. Em outras palavras, nos produtos inseridos na logística reversa, o setor empresarial passa a ter a obrigação de recolher os resíduos sólidos, além de ter que assegurar o seu reaproveitamento. É mais uma das ações voltadas para recaptura dos resíduos sólidos descartados pelo consumidor final, tendo como finalidade encaminhá-lo para o setor produtivo, cabendo a este proceder a sua destinação adequada ou, se for o caso, a sua disposição final ambientalmente correta em forma de rejeito.

Segundo Édis Milaré, "o aludido instrumento tem como fundamento básico o princípio do poluidor pagador, na medida em que exige a internalização dos custos provenientes da destinação e disposição final dos resíduos sólidos".[75] Ainda segundo o autor, "os sistemas de logística reversa estão na pauta do dia dos órgãos ambientais".[76]

A próxima definição trazida pela lei envolve padrões sustentáveis de produção e consumo, que podem ser compreendidos como

---

[75] MILARÉ, Édis. *Direito do ambiente*. 8. ed. São Paulo: Revista dos Tribunais, 2013. p. 1176.
[76] MILARÉ, Édis. *Direito do ambiente*. 8. ed. São Paulo: Revista dos Tribunais, 2013. p. 1180.

padrões que orientam as técnicas produtivas de uso e exploração dos recursos naturais no processo produtivo. Segundo consta na lei, padrões sustentáveis de produção e consumo envolvem, por assim dizer, produção e consumo de bens e serviços de forma a atender às necessidades das atuais gerações e permitir melhores condições de vida, sem comprometer a qualidade ambiental e o atendimento das necessidades das gerações futuras (art. 3º, inc. XIII, da LPNRS).

A reciclagem também é definida pela norma, estando posta como sendo o processo de transformação dos resíduos sólidos, medida que envolve a alteração de suas propriedades físicas, físico-químicas ou biológicas, com vistas à transformação em insumos ou novos produtos, observadas as condições e os padrões estabelecidos pelos órgãos competentes (art. 3º, inc. XIV, da LPNRS).

Os rejeitos, por sua vez, estão definidos como resíduos sólidos que, depois de esgotadas todas as possibilidades de tratamento e recuperação por processos tecnológicos disponíveis e economicamente viáveis, não apresentem outra possibilidade que não a disposição final ambientalmente adequada (art. 3º, inc. XV, da LPNRS).

Falar em rejeitos, portanto, significa dizer que o estágio atual dos resíduos sólidos já percorreu todos os campos reservados para as atividades que envolvem a destinação ambientalmente adequada. Rejeito, assim, está diretamente ligado com a disposição final ambientalmente adequada. Trata-se, portanto, de "todo o detrito sobrejado dos processos de tratamento e recuperação de resíduos ou os que, pela sua natureza, não são passíveis dos referidos processos, para os quais resta somente a disposição final em aterros sanitários".[77]

Uma próxima e importante definição trazida pela lei envolve os resíduos sólidos. Trata-se – como já reproduzido anteriormente – de material, substância, objeto ou bem descartado resultante de atividades humanas em sociedade, a cuja destinação final se procede, se propõe proceder ou se está obrigado a proceder, nos estados sólido ou semissólido, bem como gases contidos em recipientes e líquidos cujas particularidades tornem inviável o seu lançamento na rede pública de esgotos ou em corpos d'água, ou exijam para isso soluções técnica ou economicamente inviáveis em face da melhor tecnologia disponível (art. 3º, inc. XVI, da LPNRS).

---

[77] GUERRA, Sidney. *Resíduos sólidos*: comentários à Lei 12.305/2010. Rio de Janeiro: Forense, 2012. p. 83.

O resíduo sólido continuará a ser assim entendido e definido enquanto pender sobre ele a possibilidade de ser inserido e/ou reinserido no processo de destinação final. Extinguir-se-á o resíduo sólido apenas quando este estágio não for mais possível ou viável economicamente, o que o deslocará para a categoria do rejeito, adentrando no processo de disposição final ambientalmente adequada, momento final de toda a cadeia de ciclo de vida de um resíduo que se torna rejeito.

A responsabilidade compartilhada pelo ciclo de vida dos produtos, outra definição instituída pela Lei da Política Nacional de Resíduos Sólidos, envolve o conjunto de atribuições individualizadas e encadeadas dos fabricantes, importadores, distribuidores e comerciantes, consumidores e titulares dos serviços públicos de limpeza urbana e de manejo dos resíduos sólidos, para minimizar o volume de resíduos sólidos e rejeitos gerados. Objetiva, ainda, reduzir os impactos causados à saúde humana e à qualidade ambiental decorrentes do ciclo de vida dos produtos (art. 3º, inc. XVII, da LPNRS).

Todos são responsáveis e possuem tarefas a desempenhar no que diz respeito à redução do volume de resíduos sólidos e de rejeitos, o que significa falar em responsabilidade pós-consumo pelo ciclo de vida dos produtos. Para Édis Milaré, o tema – responsabilidade compartilhada pelo ciclo de vida dos produtos – demanda maiores e melhores reflexões, o que significa dizer que, para o autor, o ciclo de vida do produto deveria ser fechado no momento em que ocorresse a sua destinação ambientalmente adequada. Em outras palavras, uma vez permeado pela destinação, "ter-se-ia um novo produto ou embalagem, dotado de valor econômico e características próprias, que daria início a um novo ciclo".[78]

A reutilização, uma das últimas definições listadas pela lei, trata do processo de aproveitamento dos resíduos sólidos sem sua transformação biológica, física ou físico-química, observadas as condições e os padrões estabelecidos pelos órgãos competentes (art. 3º, inc. XVIII, da LPNRS). Na essência da própria palavra, seu objetivo central basicamente consiste em utilizar ao máximo um bem que possa continuar cumprindo a função para a qual foi concebido. Apenas e somente quando isto não for mais possível ou viável economicamente é que o resíduo sólido deverá passar pelos estágios previstos pela destinação, sendo, com maior ou menor interferência e alteração em sua

---

[78] MILARÉ, Édis. *Direito do ambiente*. 8. ed. São Paulo: Revista dos Tribunais, 2013. p. 1193.

56 | LAONE LAGO
PLANOS ESTADUAIS DE RESÍDUOS SÓLIDOS – POLÍTICA PÚBLICA, GESTÃO ASSOCIADA E SUSTENTABILIDADE

origem e composição, reinserido na cadeia de produção e consumo. Esgotados esses passos, será ele disposto corretamente.

Por fim, a última definição elencada pela política nacional envolve o serviço público de limpeza urbana e de manejo de resíduos sólidos, o que consiste no conjunto de atividades previstas no art. 7º da Lei nº 11.445, de 5.1.2007, Lei de Diretrizes Nacionais de Saneamento Básico. Referidas atividades são compostas por coleta, transbordo, transporte, triagem para fins de reuso ou reciclagem, de tratamento, inclusive por compostagem, e de disposição final dos resíduos, além da varrição, capina e poda de árvores em vias e logradouros públicos e outros eventuais serviços pertinentes à limpeza pública urbana.[79]

1.3.2 Princípios, objetivos e instrumentos

As linhas mestras da Lei da Política Nacional de Resíduos Sólidos estão previstas em seu segundo título. Se, por um lado, são abordados nesta etapa os seus princípios, objetivos e instrumentos, por outro, constam as suas disposições gerais, o que significa dizer que a referida política pública reúne também metas e ações a serem adotadas pela União, isoladamente ou em regime de cooperação com estados, Distrito Federal, municípios ou particulares. Passos esses que devem rumar no sentido da gestão integrada e do gerenciamento ambientalmente adequado dos resíduos sólidos (art. 4º, *caput*, da LPNRS).

Ainda em suas disposições gerais, o legislador brasileiro deixou claro que a política nacional de resíduos sólidos se articula com a Política Nacional de Educação Ambiental, regulada pela Lei nº 9.795, de 27.4.1999, com a Lei de Diretrizes Nacionais de Saneamento Básico, regulada pela Lei nº 11.445, de 5.1.2007, e, muito especialmente, com a Lei nº 11.107, de 6.4.2005, Lei de Consórcios Públicos (art. 5º, *caput*, da LPNRS). Estas duas últimas formam o que vem sendo convencionado chamar de tríade do saneamento ambiental.

Em seus dois artigos seguintes, a Lei da Política Nacional de Resíduos Sólidos trata, respectivamente, dos seus princípios e objetivos, quais sejam, (i) a prevenção e a precaução, (ii) o poluidor-pagador e o protetor-recebedor, (iii) a visão sistêmica, na gestão dos resíduos sólidos, que considere as variáveis ambiental, social, cultural, econômica, tecnológica e de saúde pública, (iv) o desenvolvimento sustentável,

---

[79] Lei nº 11.445, de 5.1.2007, art. 7º, *caput*, incs. I, II e III.

CAPÍTULO 1
O CICLO DE POLÍTICAS PÚBLICAS E A LEI DA POLÍTICA NACIONAL DE RESÍDUOS SÓLIDOS | 57

(v) a ecoeficiência, mediante a compatibilização entre o fornecimento, a preços competitivos, de bens e serviços qualificados que satisfaçam as necessidades humanas e tragam qualidade de vida e a redução do impacto ambiental e do consumo de recursos naturais a um nível, no mínimo, equivalente à capacidade de sustentação estimada do planeta, (vi) a cooperação entre as diferentes esferas do Poder Público, o setor empresarial e demais segmentos da sociedade, (vii) a responsabilidade compartilhada pelo ciclo de vida dos produtos, (viii) o reconhecimento do resíduo sólido reutilizável e reciclável como um bem econômico e de valor social, gerador de trabalho e renda e promotor de cidadania, (ix) o respeito às diversidades locais e regionais, (x) o direito da sociedade à informação e ao controle social, e, por fim, (xi) a razoabilidade e a proporcionalidade (art. 6º da LPNRS).

Alguns dos princípios listados demandam uma maior discussão. Receberão eles, por isso, um maior destaque neste estudo, o que não significa dizer que os outros não sejam relevantes, muito pelo contrário. Os dois primeiros incisos trazem à política nacional alguns dos temas mais polêmicos e importantes da matéria. Primeiramente, trata da prevenção, que significa evitar danos previsíveis e passíveis de conhecimento prévio, certo e seguro, e da precaução, que reclama cuidado e prudência diante de danos incertos decorrentes de atividades cujos resultados fazem pairar dúvida quanto à lesividade ao ambiente. Na sequência, destaca o poluidor pagador, que não se resume (nem poderia ser) à fórmula "poluiu, pagou", muito menos em uma simples indenização, e o protetor recebedor, relacionado e direcionado para quem adota atividades de proteção do bem natural.

A polêmica acerca desses princípios reflete os tempos atuais, que são outros. A sociedade sofre com os fluxos e os influxos da velocidade, do global, da fluidez, entre inúmeras e variadas outras situações que caracterizam a era das incertezas, debates e reflexões que carecem de mais e maiores reflexões. O que se quer dizer é que se tudo é incerto e fluído, nada é (sequer relativamente) certo e (minimamente) estável, por óbvio. É neste detalhe que está o ponto crucial. Sob o pretexto de estarmos diante de uma sociedade dinâmica, não é aceitável a falta de limites, ainda que eles não sejam mais nitidamente visíveis como eram em um passado distante ou mesmo recente, porém deve-se ter em mente que eles existem.[80] Isto deve ser outra verdade.

---

[80] Este é o tema central de uma das mais recentes obras de Sygmunt Bauman (*Estado de crise*. Tradução de Renato Aguiar. Rio de Janeiro: Zahar, 2016).

Traga-se essa reflexão – mutabilidade e incertezas – para o tema ambiental, um dos assuntos mais palpitantes, atuais, inovadores e complexos. Tomemos como exemplo a precaução e a prevenção, dois conceitos muito próximos, porém que não podem ser confundidos. Enquanto o princípio da prevenção trata de impactos ambientais de alguma forma já conhecidos e que se possa, com algum grau de segurança, estabelecer medidas para a identificação de impactos futuros mais prováveis, o princípio da precaução reclama cuidado e prudência diante de danos incertos advindos de atividades cujos resultados permitam que paire alguma dúvida quanto à lesividade ao ambiente.

Em tempos de mutabilidade e incertezas geometricamente potencializadas, ganha campo o princípio da precaução, em detrimento da prevenção. O raciocínio é simples. Na dúvida, ou na falta de informações certas, suficientes e claras, passa-se a interpretar no sentido de que tudo pode ser (extremamente) lesivo ao ambiente. A prevenção, que trabalha em campo mais real, que visa refletir e entender o ambiente sem ser (excessivamente) radical, por sua vez, perde espaço, reduzindo-se drasticamente.

Os tempos extremos levam a interpretações mais radicais, que podem ser positivas, porém que devem ser cautelosas. Esta também é a reflexão que Vasco Pereira da Silva faz ao tratar do assunto, pois "mais do que proceder a autonomização de uma 'incerta' precaução, [julga o autor] preferível adoptar um conteúdo amplo para o princípio da prevenção".[81]

Outro assunto que passa por semelhante momento de ajustes é o princípio do poluidor pagador. A dificuldade de entender o seu campo de alcance não está na sua falta de aplicabilidade (muitas são as decisões em que ele é lançado como fulcral), muito menos se pode falar que a sua dificuldade está na carência de maiores discussões acadêmicas (inúmeros são os trabalhos sobre o assunto). Trata-se, em verdade, de tema corriqueiro tanto nos órgãos julgadores quanto nos bancos acadêmicos. Não é assunto trivial, porém – insista-se.

A sua introdução se deu pela Organização para a Cooperação e Desenvolvimento Econômico (OCDE),[82] conforme Recomendação nº C(72) 128, de 26.5.1972, que fez constar que "o poluidor deve suportar as despesas das medidas decididas pelas autoridades públicas para

---

[81] SILVA, Vasco Pereira da. *Verde cor de direito*: lições de direito do ambiente. Coimbra: Almedina, 2002. p. 71.

[82] A sigla vem do francês: *Organisation de Coopération et de Développement Économiques*, OCDE.

assegurarem um ambiente num estado aceitável". Em outras palavras, que "os custos destas medidas devem-se refletir no custo dos bens e serviços que causam poluição seja na produção, seja no consumo".[83]

Não é este, porém, o entendimento conferido ao princípio do poluidor pagador pela jurisprudência do Superior Tribunal de Justiça – STJ. Verifica-se, em verdade, uma direta e indissociável ligação com o dano efetivamente causado e comprovado tanto em face do ambiente quanto contra terceiros, impondo ao causador o dever de reparação integral. Nesta ótica, operou-se um verdadeiro deslocamento do princípio do poluidor pagador do campo prévio e de proteção ao ambiente para um estágio de dano consolidado, que enseja reparação, o que passou a lhe conferir as mesmas características do instituto da responsabilidade.

Referido entendimento pode ser observado ao se realizar uma pesquisa jurisprudencial na página eletrônica do Superior Tribunal de Justiça – STJ. Utilizando-se a expressão "princípio do poluidor pagador", é possível obter vinte e um acórdãos, seiscentos e cinquenta e uma decisões monocráticas e um informativo de jurisprudência. Adentrando-se nas ementas de cada um dos acórdãos identificados, o termo de busca consta expressamente em todas elas. O período temporal entre o primeiro entendimento colegiado proferido (julgado) e o último compreende um lapso de praticamente oito anos (entre os dias 18.8.2005 e 6.8.2013).[84]

Tendo como foco apenas os acórdãos, entre as vinte e uma decisões colegiadas proferidas pelo Superior Tribunal de Justiça – STJ, três envolvem agravos regimentais no agravo em recurso especial,[85] dezoito recursos especiais,[86] sendo uma admitida e apreciada sob a via do recurso repetitivo.[87]

---

[83] DECISIONS, RECOMMENDATIONS AND OTHER INSTRUMENTS OF THE ORGANISATION FOR ECONOMIC CO-OPERATION AND DEVELOPMENT. *Recommendation of the Council on Guiding Principles concerning International Economic Aspects of Environmental Policies.* Disponível em: <http://acts.oecd.org/Instruments/ShowInstrument View.aspx?InstrumentID=4&InstrumentPID=255&Lang=en&Book=False>. Acesso em: 28 nov. 2014.

[84] Dia 6.8.2013, última data de julgado encontrado na época da pesquisa.

[85] STJ, Terceira Turma. AgRg no AREsp nº 238.427/PR. Rel. Min. Ricardo Villas Bôas Cueva, j. 6.8.2013. *DJe*, 9.8.2013; AgRg no AREsp nº 119.624/PR. Rel. Min. Ricardo Villas Bôas Cueva, Terceira Turma, j. 6.12.2012. *DJe*, 13.12.2012; AgRg no AREsp nº 89.444/PR. Rel. Min. Paulo de Tarso Sanseverino, Terceira Turma, j. 21.8.2012. *DJe*, 24.8.2012.

[86] STJ. REsp nº 1.346.430/PR. Rel. Min. Luis Felipe Salomão, Quarta Turma, j. 18.10.2012. *DJe*, 21.11.2012; REsp nº 1.346.449/PR. Rel. Min. Luis Felipe Salomão, Quarta Turma,

60 | LAONE LAGO
PLANOS ESTADUAIS DE RESÍDUOS SÓLIDOS – POLÍTICA PÚBLICA, GESTÃO ASSOCIADA E SUSTENTABILIDADE

Os julgados do Tribunal de Justiça da União Europeia – TJUE, por sua vez, permanecem mais atentos às origens do princípio do poluidor pagador, inserindo-o em uma diversidade de temas, porém mantendo-o como instrumento eficaz para que as atividades econômicas que causem algum impacto sobre o ambiente internalizem esses custos. Ao mesmo tempo em que o princípio do poluidor pagador é conectado ao princípio da amortização dos custos dos serviços em matéria hídrica, por exemplo, ele também respalda legislação que institui tributo sobre aeronaves e embarcações turísticas que algum impacto causem a um ambiente protegido.[88]

Percebe-se que a jurisprudência do Superior Tribunal de Justiça – STJ conecta de forma excessiva o princípio do poluidor pagador e o instituto da responsabilidade ao tratar claramente de reparação e indenização de dano concretamente causado e comprovado. Já a jurisprudência do Tribunal de Justiça da União Europeia – TJUE valoriza o princípio do poluidor pagador como um instrumento que busca afastar o ônus do custo econômico dos ombros da coletividade, direcionando-o sobre o utilizador dos recursos ambientais.

O movimento de expansão (absorção) do princípio do poluidor pagador pelo instituto da responsabilidade se assemelha em muito ao que vem acontecendo entre a precaução e a prevenção, situação em que

---

j. 18.10.2012. *DJe*, 21.11.2012; REsp nº 1.198.727/MG. Rel. Min. Herman Benjamin, Segunda Turma, j. 14.8.2012. *DJe*, 9.5.2013; REsp nº 1.145.083/MG. Rel. Min. Herman Benjamin, Segunda Turma, j. 27.9.2011. *DJe*, 4.9.2012; REsp nº 1.165.284/MG. Rel. Min. Herman Benjamin, Segunda Turma, j. 1.3.2011. *DJe*, 12.4.2012; REsp nº 1.115.555/MG. Rel. Min. Arnaldo Esteves Lima, Primeira Turma, j. 15.2.2011. *DJe*, 23.2.2011; REsp nº 1.164.587/MG. Rel. Min. Herman Benjamin, Segunda Turma, j. 15.2.2011. *DJe*, 13.4.2012; REsp nº 1.180.078/MG. Rel. Min. Herman Benjamin, Segunda Turma, j. 2.12.2010. *DJe*, 28.2.2012; REsp nº 880.172/SP. Rel. Min. Mauro Campbell Marques, Segunda Turma, j. 9.11.2010. *DJe*, 19.11.2010; REsp nº 967.375/RJ. Rel. Min. Eliana Calmon, Segunda Turma, j. 2.9.2010. *DJe*, 20.9.2010; REsp nº 1.178.294/MG. Rel. Min. Mauro Campbell Marques, Segunda Turma, j. 10.8.2010. *DJe*, 10.9.2010; REsp nº 1.114.893/MG. Rel. Min. Herman Benjamin, Segunda Turma, j. 16.3.2010. *DJe*, 28.2.2012; REsp nº 769.753/SC. Rel. Min. Herman Benjamin, Segunda Turma, j. 8.9.2009. *DJe*, 10.6.2011; REsp nº 965.078/SP. Rel. Min. Herman Benjamin, Segunda Turma, j. 20.8.2009. *DJe*, 27.4.2011; REsp nº 1.071.741/SP. Rel. Min. Herman Benjamin, Segunda Turma, j. 24.3.2009. *DJe*, 16.12.2010; REsp nº 625.249/PR. Rel. Min. Luiz Fux, Primeira Turma, j. 15.8.2006. *DJ*, 31.8.2006; REsp nº 605.323/MG. Rel. Min. José Delgado, Rel. p/ acórdão Min. TEori Albino Zavascki, Primeira Turma, j. 18.8.2005. *DJ*, 17.10.2005.

[87] STJ, Segunda Seção. REsp nº 1.114.398/PR. Rel. Min. Sidnei Beneti, j. 8.2.2012. *DJe*, 16.2.2012.

[88] A título de exemplo, *vide*: TJUE, Segunda Seção. Processo nº C525/12, j. 11.9.2014; TJUE, Segunda Seção. Processo nº C525/12, j. 11.9.2014; TJUE, Segunda Seção. Processo nº C525/12, j. 11.9.2014; TJUE, Grande Seção. Processo nº C169/08, j. 17.11.2009; TJUE, Grande Secção. Processo nº C-188/07, j. 24.6.2008; TJUE, Terceira Seção. Processo nº C487/06 P, j. 22.12.2008; TJUE, Grande Seção. Processo nº C320/03, j. 15.11.2005; e TJUE, Segunda Seção alargada. Processo nº T210/02, 13.9.2006.

esta vem sendo incorporada pela primeira. As origens são as mesmas, tempos extremos. Caminha-se na direção e no sentido do que é mais restritivo. Assim, identificar o princípio do poluidor pagador com o instituto da responsabilidade, de maneira indiscriminada, conduz a um verdadeiro desaproveitamento das potencialidades de ambos. Trata-se de uma grande perda jurídica, e, certamente, social, pois obstando o crescimento individual de responsabilidade preventiva.

O protetor pagador, fechando essa linha de questões iniciais fortemente imbricadas, vem para postular que o agente, seja ele público ou privado, que desenvolver alguma atividade em benefício da comunidade deve receber uma espécie de compensação financeira, sendo esta uma forma de incentivo pelo serviço de proteção ambiental prestado. Trata-se simplesmente de um incentivo – insista-se –, pois, segundo preceitua o texto constitucional, defender e preservar um ambiente ecologicamente equilibrado é dever tanto do Poder Público quanto da coletividade.

Pode-se dizer que o princípio do protetor pagador, instrumento positivado, inclusive, no ordenamento jurídico brasileiro por meio da política pública de resíduos sólidos, possui a finalidade de compensar aquele que protege o ambiente, isto é, "quem atua de maneira positiva na proteção dos recursos naturais se alistará como beneficiário para o recebimento de uma recompensa".[89]

Outro dos princípios listados envolve a visão sistêmica, que, na gestão dos resíduos sólidos, considera as variáveis ambiental, social, cultural, econômica, tecnológica e de saúde pública, sopesando-as para que ao final seja obtido o melhor resultado. Visão sistêmica, na perspectiva da norma, ao que tudo indica, significa observância a um conteúdo multidisciplinar (art. 6º, inc. III, da LPNRS), ainda que muitas outras visões acerca do pensamento sistêmico existam.[90]

O conceito de visão sistêmica "foi transposto para a gestão dos resíduos sólidos com o sentido de registrar que, nesse processo, se deve proceder com a compreensão do sistema como um todo, já que várias forças e campos da ciência se inter-relacionam quando o assunto é resíduo".[91] Na linha das formas associativas e compartilhadas, a visão

---

[89] SILVA FILHO, Carlos Roberto Vieira; SOLER, Fabricio Dorado. *Gestão de resíduos sólidos*: o que diz a lei. 2. ed. São Paulo: Trevisan, 2013. p. 32.

[90] BERTALANFFY, Ludwig von. *Teoria geral dos sistemas*: fundamentos, desenvolvimento e aplicações. 8. ed. Tradução de Francisco M. Guimarães. Petrópolis: Vozes, 2015.

[91] SILVA FILHO, Carlos Roberto Vieira; SOLER, Fabricio Dorado. *Gestão de resíduos sólidos*: o que diz a lei. 2. ed. São Paulo: Trevisan, 2013. p. 32.

sistêmica objetiva consolidar a necessidade de soluções integradas, não sendo mais possível (ou ao menos recomendável) que posturas estanques e isoladas predominem, especialmente em situações em que a conexão for possível.[92]

O desenvolvimento sustentável também é listado como um dos princípios da Lei da Política Nacional de Resíduos Sólidos (art. 6º, inc. IV, da LPNRS). O seu conteúdo envolve a manutenção e a consolidação das "bases vitais da produção e reprodução do homem e das atividades", além de pugnar "por uma relação satisfatória entre os homens e destes com o seu ambiente, para que as futuras gerações também tenham oportunidade de desfrutar os mesmos recursos que temos hoje à nossa disposição".[93]

Em matéria de desenvolvimento sustentável, Ricardo Abramovay[94] sustenta que devemos ir muito além da economia verde. Para isso, segundo o autor, dois são os vieses, quais seriam, o primeiro, deve-se perceber que a relação entre sociedade e natureza possui limite (reconhecimento dos limites dos ecossistemas), o segundo, a relação entre sociedade e natureza deve ser pautada pela inovação (sistemas de inovação orientados pela sustentabilidade).

Outra mudança que deve ocorrer, para que se consiga ir além da dupla limite/inovação, consiste em interconectar economia e ética. Questões referentes ao bem, à justiça e à virtude, devem ocupar lugar central nas decisões sobre o uso dos recursos materiais e energéticos. Enfim, a reinserção da ética na economia, reunificando ética e economia, sociedade e natureza, potencializará uma dupla reunificação.

Deve-se, neste sentido, imprimir novas bases e novas perspectivas ao desenvolvimento, inclusive o desenvolvimento sustentável, pois, conforme preceitua Ricardo Abramovay, "a habilidade humana de fazer foi além da capacidade humana de compreender; a civilização contemporânea vive a explosiva combinação de evolução tecnológica rápida e evolução éticossocial lenta".[95]

Outro dos princípios elencados na política nacional de resíduos sólidos trata da cooperação entre as diferentes esferas do Poder Público, o setor empresarial e demais segmentos da sociedade (art. 6º, inc. VI, da

---

[92] VASCOCELLOS, Mari José Esteves de. *Pensamento sistêmico*: o novo paradigma da ciência. 10. ed. Campinas: Papirus, 2013.

[93] GUERRA, Sidney. *Resíduos sólidos*: comentários à Lei 12.305/2010. Rio de Janeiro: Forense, 2012. p. 106.

[94] ABRAMOVAY, Ricardo. *Muito além da economia verde*. São Paulo: Abril, 2012.

[95] ABRAMOVAY, Ricardo. *Muito além da economia verde*. São Paulo: Abril, 2012. p. 195.

LPNRS). Consiste, tal princípio, na conjugação de forças dos diferentes setores da comunidade, o que inclui tanto o Poder Público como o setor empresarial e da sociedade civil, tudo com vistas a uma nova e ajustada política pública de gestão e gerenciamento dos resíduos sólidos.

Os arranjos regionais de cooperação federativa apresentam-se como mecanismos de articulação à disposição das unidades federadas, as quais, segundo as suas características político-sociais e urbanogeográficas semelhantes, podem buscar soluções comuns para o enfrentamento de problemas idênticos. É a concretização do princípio sistêmico acima tratado. Em outras palavras, União, estados, Distrito Federal e municípios atuam, de forma consensual e concertada, para darem respostas conjuntas aos problemas que sozinhos, muitas das vezes, não seriam capazes de solucionar. Este é um dos princípios que melhor concretiza os interesses da política nacional em matéria de resíduos sólidos no que envolve cooperação e associação.

Não existe uma única forma de implementar a cooperação federativa, mas sim várias, as quais podem ser expressas, entre outras, pelos principais instrumentos jurídicos existentes no cenário brasileiro, que são (i) o convênio comum, (ii) as aglutinações municipais, que compreendem (a) região metropolitana, (b) microrregião, e (c) aglomerado urbano, e (iii) a gestão associada, que se materializa por meio (a) do convênio de cooperação ou (b) do consórcio público.

Vale, aqui, abrir um parêntese para sinalizar que as unidades federadas, de forma consensual e gradual, segundo as suas realidades e necessidades, podem buscar esses tipos de cooperação federativa, indo da forma mais simplificada até a mais sofisticada, para alcançar, de maneira segura e paulatina, o escopo institucional indispensável para gerir os interesses comuns existentes, entre eles, a gestão de serviços públicos. Para tanto, pode-se adotar a técnica da escala institucional de cooperação federativa da gestão de serviços públicos agregada aos cenários de referência com as vantagens e desvantagens pertinentes.[96]

A responsabilidade compartilhada pelo ciclo de vida dos produtos, outro princípio fixado pela Lei da Política Nacional de Resíduos Sólidos, envolve um passo além, não sendo mais possível o desprezo total aos produtos pós-consumo. Não é por outra razão que

---

[96] Neste sentido, recomenda-se: ARAÚJO, Marcos Paulo Marques. Escala institucional de cooperação federativa na gestão e no gerenciamento de resíduos sólidos. *Revista de Administração Municipal* – RAM, Rio de Janeiro, ano 58, n. 280, p. 46-60, abr./jun. 2012.

referido princípio – insista-se – envolve um conjunto de atribuições individualizadas e encadeadas dos fabricantes, importadores, distribuidores, comerciantes, consumidores e titulares dos serviços públicos de limpeza urbana e de manejo dos resíduos sólidos, para minimizar o volume de resíduos sólidos e rejeitos gerados. Objetiva, ainda, reduzir os impactos causados à saúde humana e à qualidade ambiental decorrentes do ciclo de vida dos produtos.

O reconhecimento do resíduo sólido reutilizável e reciclável como um bem econômico e de valor social, gerador de trabalho e renda e promotor de cidadania, é algo notório (art. 6º, inc. VIII, da LPNRS). O que se quer dizer é que olhar para o lixo sob a perspectiva atual envolve dar a ele não a configuração de algo marginal, de refugo, e sim de bem economicamente viável e socialmente relevante. Trata-se da necessidade de se construir uma nova e inovadora forma de olhar.

A sociedade atual, fortemente marcada pela modernidade líquida, ou de risco (modernidade que "fugiu do controle"), possui bases na obsolescência planejada (de qualidade, de função e de desenvolvimento),[97] pois o modelo antropocêntrico restringiu o diálogo entre homem e natureza. Ainda que aquele tenha nascido desta, retorna-se à natureza por meio do direito, tendo como objetivo salvá-la e, por assim dizer, salvando a si mesmo.[98]

Por fim, entre os princípios elencados e discutidos neste estudo, ainda que sem a pretensão de esgotar os seus debates, o direito da sociedade à informação e ao controle social são de singular relevância (art. 6º, inc. X, da LPNRS). Em outras palavras, o controle social, que consiste em um "conjunto de mecanismos e procedimentos que garantam à sociedade informações e participação nos processos de formulação, implementação e avaliação das políticas públicas relacionadas aos resíduos sólidos" (art. 3º, inc. VI, da LPNRS), encontra-se expressamente previsto em sete passagens do texto legal –[99] insista-se. Figura, inclusive, como um dos princípios da política nacional de

---

[97] MORAES, Kamila Guimarães de. *Obsolescência planejada e direito*: (in)sustentabilidade do consumo à produção de resíduos. Porto Alegre: Livraria do Advogado, 2015.

[98] LAGO, Laone. Da natureza viestes e à natureza retornarás: como o direito nasceu da natureza e a ela retorna para salvá-la. *Revista da Escola da Magistratura Regional Federal da 2ª Região*, Rio de Janeiro, v. 21, n. 1, nov. 2014/abr. 2015.

[99] Lei nº 12.305, de 2.8.2010, art. 3º, incs. VI (definição), XI (gestão integrada de resíduos sólidos); art. 6º, inc. X (princípio); art. 8º, inc. XIV (instrumentos); art. 14, parágrafo único (disposição geral dos planos de resíduos sólidos); art. 15, inc. XI (Plano Nacional de Resíduos Sólidos); e art. 17, inc. XII (planos estaduais de resíduos sólidos).

resíduos sólidos, estando ao lado do desenvolvimento sustentável, da responsabilidade compartilhada, da cooperação etc. Percorrido os princípios, o ponto seguinte tratado pela política nacional de resíduos sólidos envolve os seus objetivos (art. 7º da LPNRS). Um dos primeiros que são abordados envolvem (i) a proteção da saúde pública e da qualidade ambiental, duas questões de suma relevância ao tema. Em seguida, a política nacional objetiva (ii) a não geração, a redução, a reutilização, a reciclagem e o tratamento dos resíduos sólidos, bem como disposição final ambientalmente adequada dos rejeitos. Configura-se, com isso, uma verdadeira conexão e interconexão entre destinação de resíduos sólidos e disposição final ambientalmente adequada de rejeitos. Objetivos altamente imbricados com (iii) o estímulo à adoção de padrões sustentáveis de produção e consumo de bens e serviços, bem como (iv) adoção, desenvolvimento e aprimoramento de tecnologias limpas como forma de minimizar impactos ambientais.

A (v) redução do volume e da periculosidade dos resíduos perigosos, (vi) o incentivo à indústria da reciclagem, tendo em vista fomentar o uso de matérias-primas e insumos derivados de materiais recicláveis e reciclados, juntamente com (vii) a gestão integrada de resíduos sólidos, são também objetivo da Lei da Política Nacional de Resíduos Sólidos.

Outro objetivo imbricado com os princípios estabelecidos envolve (viii) a articulação entre as diferentes esferas do Poder Público, e destas com o setor empresarial, com vistas à cooperação técnica e financeira para a gestão integrada de resíduos sólidos. Não é diferente com (ix) a capacitação técnica continuada na área de resíduos sólidos, bem como com (x) a regularidade, continuidade, funcionalidade e universalização da prestação dos serviços públicos de limpeza urbana e de manejo de resíduos sólidos, com adoção de mecanismos gerenciais e econômicos que assegurem a recuperação dos custos dos serviços prestados, como forma de garantir sua sustentabilidade operacional e financeira.

A (xi) prioridade, nas aquisições e contratações governamentais, para produtos reciclados e recicláveis, além de bens, serviços e obras que considerem critérios compatíveis com padrões de consumo social e ambientalmente sustentáveis, é regra instituída pela política pública de resíduos sólidos. Volta-se, com isso, à inserção da perspectiva ambiental no dia a dia da Administração Pública, especialmente quando estiver dialogando com a iniciativa privada, mesmo em se tratando de atividade-meio.

A função social da norma está na (xii) integração dos catadores de materiais reutilizáveis e recicláveis nas ações que envolvam a responsabilidade compartilhada pelo ciclo de vida dos produtos. Ademais, também está no (xiii) estímulo à implementação da avaliação do ciclo de vida do produto, bem como no (xiv) incentivo ao desenvolvimento de sistemas de gestão ambiental e empresarial voltados para a melhoria dos processos produtivos e ao reaproveitamento dos resíduos sólidos, incluídos a recuperação e o aproveitamento energético. Está, por fim, no (xv) estímulo à rotulagem ambiental e ao consumo sustentável, questão esta de suma relevância para as diretrizes da política pública.

Os instrumentos da política nacional de resíduos sólidos estão previstos no artigo seguinte, e seus incisos, da norma (art. 8º da LPNRS). A figura central para concretizar as diretrizes da referida política pública encontra-se na elaboração e institucionalização dos planos de resíduos sólidos (art. 8º, inc. I, da LPNRS). Sem dúvida, um dos instrumentos mais importantes de toda essa política pública, na medida em que identifica problemas, pressupõe alternativas, e conclui por indicar planos de metas, programas e ações para mudanças positivas sobre o quadro atual.

Nesta perspectiva, Édis Milaré diz ser a Lei da Política Nacional de Resíduos Sólidos "diploma atualizado e motivador, capaz de gerar novas ideias e práticas a respeito de um tema extremamente atual",[100] entendimento que se encaixa perfeitamente aos planos de resíduos sólidos. Não é por outra razão que a mobilização e a participação social estão intensamente previstas (regra) na política nacional de resíduos sólidos.

Nesta toada, a legislação que instituiu a política nacional de resíduos sólidos fez constar – repisa-se – que a União elaborará, sob a coordenação do Ministério do Meio Ambiente – MMA, o plano nacional de resíduos sólidos, com vigência por prazo indeterminado e horizonte de vinte anos, ensejando sua atualização a cada quatro anos, tendo uma lista de observações como conteúdo mínimo a ser observado. Destaca-se que o conteúdo mínimo deverá pautar-se mediante processo de mobilização e participação social, o que resultará na realização de audiências e consultas públicas.

Observando-se disposição legal, o Ministério do Meio Ambiente – MMA disponibiliza em sua página eletrônica estudo que diz resultar de cinco audiências públicas regionais, além de uma audiência

---

[100] MILARÉ, Édis. *Direito do ambiente*. 8. ed. São Paulo: Revista dos Tribunais, 2013. p. 1151.

pública nacional e consulta pública via *internet*. Consta ainda no referido documento que nenhum ator social, ainda que em potencial, foi negligenciado. Pelo contrário – insiste –, tanto posicionamentos diferentes, muitas das vezes diametralmente opostos, quanto em sintonia com as bases trilhadas pelo plano nacional em discussão, foram ouvidos em busca de diretrizes e metas construídas de forma consensual e dialógica.[101]

O incentivo à adoção de consórcios ou de outras formas de cooperação entre os entes federados, com vistas à elevação das escalas de aproveitamento e à redução dos custos envolvidos, é outro dos instrumentos essenciais listados pela política nacional de resíduos sólidos (art. 8º, inc. XIX, da LPNRS). Mais uma vez os arranjos regionais de cooperação federativa apresentam-se como mecanismos de articulação à disposição das unidades federadas, as quais, segundo as suas características político-sociais e urbano-geográficas semelhantes, podem buscar soluções em instrumentos de associação, compartilhamento e consorciamento.

Sobre este último ponto – formas de cooperação –, a gestão (compartilhada ou associada) passou a galgar espaço em termos de estabilidade jurídica, tendo em vista a ênfase trazida pela política pública em comento. Não é por outra razão que se aposta na adoção da gestão associada via consórcio público como campo a ser ampliado "consideravelmente com o tempo, no campo do saneamento ambiental, inclusive".[102]

1.3.3 As diretrizes aplicáveis aos resíduos sólidos

O terceiro título da Lei da Política Nacional de Resíduos Sólidos apresenta as suas diretrizes. Sua primeira ressalva prevista logo nas disposições preliminares faz uma exposição da ordem de prioridade que deve ser observada na gestão e no gerenciamento dos resíduos sólidos, isto é, não geração, redução, reutilização, reciclagem, tratamento dos resíduos sólidos e disposição final ambientalmente adequada dos rejeitos (art. 9º da LPNRS).

---

[101] BRASIL. Ministério do Meio Ambiente. *Plano Nacional de Resíduos Sólidos*. Brasília, 2012. Disponível em: <http://www.sinir.gov.br/documents/10180/12308/PNRS_Revisao_Decreto_280812.pdf/e183f0e7-5255-4544-b9fd-15fc779a3657> Acesso em: 17 maio 2014.

[102] ARAÚJO, Suely Mara Vaz Guimarães de; JURAS, Iliada da Ascenção Garrido Martins. *Comentários à Lei dos resíduos sólidos*: Lei nº 12.305, de 2 de agosto de 2010 (e seu regulamento). São Paulo: Pillares, 2011. p. 74.

68 | LAONE LAGO
PLANOS ESTADUAIS DE RESÍDUOS SÓLIDOS – POLÍTICA PÚBLICA, GESTÃO ASSOCIADA E SUSTENTABILIDADE

Posta de forma ordenada e hierárquica, esta linha de prioridade reflete a essência da política nacional de resíduos sólidos, que é a redução de problemas na fonte. Pode-se dizer que a disposição final será cada vez menor na medida em que a não geração e os processos de destinação de resíduos sólidos forem maiores e melhores aplicados. Enfim, "quanto menos resíduos forem gerados, menores serão as dificuldades enfrentadas nesse campo e assim por diante".[103]

Ponto de extrema relevância contido nas diretrizes elencadas consiste na incumbência expressamente atribuída aos estados-membros para que promovam a integração da organização, do planejamento e da execução das funções públicas de interesse comum relacionadas à gestão dos resíduos sólidos nas regiões metropolitanas, aglomerações urbanas e microrregiões. Incumbe aos estados, também, controlar e fiscalizar as atividades dos geradores sujeitas a licenciamento ambiental pelo órgão estadual do Sistema Nacional do Meio Ambiente. Referidas atribuições conferidas também envolvem o dever de os estados-membros apoiarem e priorizarem as iniciativas municipais de soluções consorciadas ou compartilhadas entre dois ou mais municípios (art. 11, incs. I e II e parágrafo único, da LPNRS).

Por fim, ao menos acerca das disposições preliminares insertas no título terceiro, merece ser destacado que a política nacional de resíduos sólidos fez constar sua classificação quanto à origem e quanto à periculosidade. Seja em uma tipologia seja em outra, as classes de resíduos sólidos estabelecidas "refletem o entendimento de que cada uma delas demanda procedimentos particularizados em seu gerenciamento".[104]

Na tipologia que envolve a origem dos resíduos sólidos, a política nacional em comento identificou (i) os resíduos domiciliares, que são os originários de atividades domésticas em residências urbanas; (ii) os resíduos de limpeza urbana, que possuem sua origem na varrição, limpeza de logradouros e vias públicas e outros serviços de limpeza urbana; (iii) resíduos sólidos urbanos, os quais envolvem tanto os resíduos domiciliares quanto os resíduos de limpeza urbana; (iv) os resíduos de estabelecimentos comerciais e prestadores de serviços, que são

---

[103] ARAÚJO, Suely Mara Vaz Guimarães de; JURAS, Iliada da Ascenção Garrido Martins. *Comentários à Lei dos resíduos sólidos*: Lei nº 12.305, de 2 de agosto de 2010 (e seu regulamento). São Paulo: Pillares, 2011. p. 81.

[104] ARAÚJO, Suely Mara Vaz Guimarães de; JURAS, Iliada da Ascenção Garrido Martins. *Comentários à Lei dos resíduos sólidos*: Lei nº 12.305, de 2 de agosto de 2010 (e seu regulamento). São Paulo: Pillares, 2011. p. 84.

O CICLO DE POLÍTICAS PÚBLICAS E A LEI DA POLÍTICA NACIONAL DE RESÍDUOS SÓLIDOS

os gerados nessas atividades, excetuados os resíduos de limpeza urbana, resíduos dos serviços públicos de saneamento, resíduos de serviços de saúde, resíduos da construção civil e de transportes; (v) os resíduos dos serviços públicos de saneamento básico, que envolvem todos os gerados nessas atividades, exceto os resíduos sólidos urbanos; (vi) os resíduos industriais, que são todos aqueles gerados nos processos produtivos e instalações industriais; (vii) os resíduos de serviços de saúde, que são todos os gerados em atividades de saúde, conforme definido em regulamento ou em normas estabelecidas pelos órgãos do Sistema Nacional do Meio Ambiente e do Sistema Nacional de Vigilância Sanitária; (viii) os resíduos da construção civil, que são aqueles oriundos das atividades de construções, reformas, reparos e demolições de obras de construção civil, incluídos os resultantes da preparação e escavação de terrenos para obras civis; (ix) os resíduos agrossilvopastoris, que são aqueles gerados nas atividades agropecuárias e silviculturais, incluídos os relacionados a insumos utilizados nessas atividades; (x) os resíduos de serviços de transportes, isto é, os originários de portos, aeroportos, terminais alfandegários, rodoviários e ferroviários e passagens de fronteira; e, por fim, (xi) os resíduos de mineração, que envolvem os gerados na atividade de pesquisa, extração ou beneficiamento de minérios (art. 13, inc. I, alíneas, da LPNRS).

Quanto à periculosidade, a política nacional de resíduos sólidos tipificou (i) os resíduos perigosos como sendo aqueles que, em razão de suas características de inflamabilidade, corrosividade, reatividade, toxicidade, patogenicidade, carcinogenicidade, teratogenicidade e mutagenicidade, apresentam significativo risco à saúde pública ou à qualidade ambiental, de acordo com lei, regulamento ou norma técnica; e, a contrário senso, (ii) os resíduos não perigosos, que envolvem aqueles não enquadrados como perigosos (art. 13, inc. II, alíneas, da LPNRS).

A figura central das diretrizes aplicáveis aos resíduos sólidos encontra-se na elaboração e institucionalização dos planos de resíduos sólidos, instrumentos de relevância para toda a política pública em comento, na medida em que visa identificar problemas, propor alternativas, e conclui por indicar planos de metas, programas e ações para mudanças positivas sobre o quadro atual.

Neste sentido, assegurada ampla publicidade ao conteúdo dos planos de resíduos sólidos, bem como o controle social em sua formulação, implementação e operacionalização, os planos previstos pela política nacional envolvem (i) o plano nacional de resíduos sólidos,

(ii) os planos estaduais de resíduos sólidos, (iii) os planos microrregionais de resíduos sólidos e os planos de resíduos sólidos de regiões metropolitanas ou aglomerações urbanas, (iv) os planos intermunicipais de resíduos sólidos, (v) os planos municipais de gestão integrada de resíduos sólidos e, ainda, (vi) os planos de gerenciamento de resíduos sólidos (art. 14, incisos, alíneas, da LPNRS).

Ainda que a norma tenha lançado a ideia da gestão integrada apenas sobre os planos municipais, todos os planos listados na referida política pública poderão (quiçá, deverão) assumir perspectivas de coordenação relativas aos diferentes tipos de resíduos, tendo em consideração as dimensões política, econômica, ambiental, cultural e social. Apenas os planos de gerenciamento comportam exceção, pois envolvem questões operacionais de resíduos específicos.

Na legislação que instituiu a Lei da Política Nacional de Resíduos Sólidos – insista-se mais uma vez no ponto – consta que a União elaborará, sob a coordenação do Ministério do Meio Ambiente – MMA, o plano nacional de resíduos sólidos, com vigência por prazo indeterminado e horizonte de vinte anos, ensejando sua atualização a cada quatro anos, tendo uma lista de observações como conteúdo mínimo a ser observado (art. 15 da LPNRS). Destaque-se que o plano nacional deverá pautar-se mediante processo de mobilização e participação social, o que resultará na realização de audiências e consultas públicas, observado o conteúdo mínimo consistente em diagnóstico da situação atual dos resíduos sólidos, proposição de cenários, metas, programas, projetos e ações, além de medidas para incentivar e viabilizar a gestão regionalizada dos resíduos sólidos.

O controle social consiste em um conjunto de mecanismos e procedimentos que garantam à sociedade informações e participação nos processos de formulação, implementação e avaliação das políticas públicas relacionadas aos resíduos sólidos (art. 3º, inc. VI, da LPNRS), encontrando-se expressamente previsto em sete passagens do texto legal. É, inclusive, um dos princípios da Lei da Política Nacional de Resíduos Sólidos, estando ao lado do desenvolvimento sustentável, da responsabilidade compartilhada, da cooperação etc.

No que tange aos planos estaduais de resíduos sólidos, sua elaboração, nos termos estabelecidos pela política nacional, é condição para que os estados-membros tenham acesso a recursos da União. Situação esta que também deve ser observada nos recursos por ela controlados, destinados a empreendimentos e serviços relacionados à gestão de resíduos sólidos, ou para serem beneficiados por incentivos ou financiamentos de entidades federais de crédito ou fomento para tal finalidade (art. 16 da LPNRS).

O seu prazo de vigência é indeterminado e com horizonte de vinte anos, ensejando sua atualização a cada quatro anos, tendo uma lista de observações como conteúdo mínimo a ser observado, o que se assemelha em muito com os dispositivos legais direcionados para a União. Como elemento que não possui equivalente no plano nacional, "surge a identificação pelo plano estadual de zonas favoráveis para a localização de unidades de tratamento de resíduos sólidos ou de disposição final de rejeitos, bem como áreas degradadas por disposição inadequada de resíduos a serem recuperadas".[105]

O plano municipal de gestão integrada de resíduos sólidos, na linha também adotada pela política nacional no que tange aos estados-membros, é condição para que o Distrito Federal e os municípios tenham acesso aos recursos da União. Acesso este que também se estende para aqueles recursos pela União controlados, destinados a empreendimentos e serviços relacionados à limpeza urbana e ao manejo de resíduos sólidos, ou para serem beneficiados por incentivos ou financiamentos de entidades federais de crédito ou fomento para tal finalidade (art. 18, da LPNRS).

Diga-se, ainda que instituído o plano municipal, condição para acesso aos recursos da União, serão priorizados os municípios que optarem por soluções consorciadas intermunicipais para a gestão dos resíduos sólidos, incluídas a elaboração e a implementação de plano intermunicipal, ou que se inserirem de forma voluntária nos planos microrregionais de resíduos sólidos. Terão, também, prioridade os municípios que implantarem a coleta seletiva com a participação de cooperativas ou outras formas de associação de catadores de materiais reutilizáveis e recicláveis formadas por pessoas físicas de baixa renda (art. 18, §1º, incs. I e II, da LPNRS).

No caso do conteúdo dos planos municipais de gestão integrada de resíduos sólidos, a política nacional "trouxe um detalhamento muito maior para os planos municipais de resíduos sólidos, aprofundando as especificações em vários itens".[106] Não é por outra razão que a

---

[105] ARAÚJO, Suely Mara Vaz Guimarães de; JURAS, Iliada da Ascenção Garrido Martins. *Comentários à Lei dos resíduos sólidos*: Lei nº 12.305, de 2 de agosto de 2010 (e seu regulamento). São Paulo: Pillares, 2011. p. 100.

[106] SILVA FILHO, Carlos Roberto Vieira; SOLER, Fabricio Dorado. *Gestão de resíduos sólidos*: o que diz a lei. 2. ed. São Paulo: Trevisan, 2013. p. 68.

observância ao seu conteúdo mínimo se espraia ao longo de dezenove incisos, com temas que envolvem tanto diagnósticos, identificações, procedimentos, indicadores quanto mecanismos, planos de ação e metas.

Deve-se destacar, porém, que para municípios com menos de vinte mil habitantes, o plano municipal de gestão integrada de resíduos sólidos terá conteúdo simplificado, na forma do regulamento.

O plano de gerenciamento de resíduos sólidos, ou plano de resíduos sólidos da iniciativa privada, envolve a necessidade de que "geradores de determinados tipos de resíduos sólidos que, por seu volume, periculosidade ou natureza mereçam um acompanhamento mais acurado", o que significa dizer que a partir da política nacional de resíduos sólidos, "passam a ser exigidos planos de gerenciamento, em qualquer caso, independentemente do tipo e classe de resíduo gerado".[107]

Nos termos estabelecidos pela política nacional, estão sujeitos à elaboração de plano de gerenciamento de resíduos sólidos os geradores de resíduos que possuam como origem os serviços públicos de saneamento básico, industriais, de saúde e de mineração. Também estão sujeitos os estabelecimentos comerciais e de prestação de serviços que gerem resíduos perigosos e, mesmo aqueles caracterizados como não perigosos, que por sua natureza, composição ou volume, não sejam equiparados aos resíduos domiciliares pelo Poder Público municipal.

O dever de elaborar plano de gerenciamento de resíduos sólidos envolve ainda as empresas de construção civil, nos termos do regulamento ou de normas estabelecidas pelos órgãos do Sistema Nacional do Meio Ambiente, além daquelas atividades que envolvem terminais e outras instalações que gerem resíduos de serviços de transportes. Por fim, o plano de gerenciamento trata também dos responsáveis por atividades agrossilvopastoris, se exigido pelo órgão competente do Sistema Nacional do Meio Ambiente, do Sistema Nacional de Vigilância Sanitária ou do Sistema Unificado de Atenção à Sanidade Agropecuária (art. 20, da LPNRS).

Em matéria de responsabilidade, a política nacional de resíduos sólidos atribuiu a todos – Poder Público, setor empresarial e coletividade – a responsabilidade pela efetividade das ações voltadas para assegurar a observância de suas diretrizes e demais determinações estabelecidas e regulamentadas. Neste sentido, o titular dos serviços públicos

---

[107] SILVA FILHO, Carlos Roberto Vieira; SOLER, Fabricio Dorado. *Gestão de resíduos sólidos*: o que diz a lei. 2. ed. São Paulo: Trevisan, 2013. p. 70.

de limpeza urbana e de manejo de resíduos sólidos é responsável pela organização e prestação direta ou indireta desses serviços, observados o respectivo plano municipal de gestão integrada de resíduos sólidos.

As pessoas físicas ou jurídicas que estão sujeitas à elaboração de plano de gerenciamento de resíduos sólidos são responsáveis pela implementação e operacionalização integral do referido plano aprovado pelo órgão competente (art. 27 da LPNRS).

Diferentemente dos geradores sujeitos ao plano de gerenciamento, que não possuem a sua responsabilidade cessada, o gerador de resíduos domiciliares – aqueles originários de atividades domésticas em residências urbanas – "não responderá pelos danos causados pelos resíduos sólidos gerados caso proceda à sua disponibilização adequada para a coleta ou mediante a devolução dos resíduos sujeitos à logística reversa".[108] Percebe-se que o legislador isentou de responsabilidade todos os geradores de resíduos sólidos domiciliares que observarem e cumprirem as determinações do Poder Público, o que significa obediência aos dias, horários e formas de acondicionamento, nos termos estabelecidos pela legislação municipal.

No entanto, registre-se que diante da coleta seletiva instituída pelo Poder Público, a Lei da Política Nacional de Resíduos Sólidos "determina aos consumidores o acondicionamento adequado e de forma diferenciada dos resíduos sólidos gerados, abrindo a possibilidade de disponibilizar para coleta os resíduos sólidos reutilizáveis e recicláveis".[109]

A responsabilidade compartilhada e a logística reversa são dois dos temas de maior relevância trazidos pela política pública de resíduos sólidos, por isso, fortemente imbricados. Trata-se, ao fim e ao cabo, de responsabilidade compartilhada pelo ciclo da vida dos produtos. Tal responsabilidade, a responsabilidade pós-consumo do setor produtivo, não se esgota mais nesse estágio (o consumo regular e adequado), pois passa a englobar um conjunto de atribuições individualizadas e encadeadas dos fabricantes, importadores, distribuidores, comerciantes, consumidores e titulares dos serviços públicos de limpeza urbana e de manejo dos resíduos sólidos.

Perspectiva esta que sinaliza na direção de que todos possuem a tarefa de minimizar o volume de resíduos sólidos e, portanto, de

---

[108] SILVA FILHO, Carlos Roberto Vieira; SOLER, Fabricio Dorado. *Gestão de resíduos sólidos*: o que diz a lei. 2. ed. São Paulo: Trevisan, 2013. p. 77.

[109] SILVA FILHO, Carlos Roberto Vieira; SOLER, Fabricio Dorado. *Gestão de resíduos sólidos*: o que diz a lei. 2. ed. São Paulo: Trevisan, 2013. p. 78.

rejeitos gerados, além do dever de reduzir os impactos causados à saúde humana e à qualidade ambiental decorrentes do ciclo de vida dos produtos (art. 3º, inc. XVII, da LPNRS). Objetiva-se, com isso, entrelaçar as responsabilidades, porém dividindo-as nos limites da atuação de cada partícipe citado na legislação.[110]

Nos dizeres de Maria Luiza Machado Granziera, em matéria de resíduos sólidos no Brasil, vigora o "princípio segundo o qual o gerador de resíduos sólidos é responsável por eles do berço ao túmulo, isto é, a responsabilidade do gerador de resíduos não se encerra nem com a disposição final nem com a entrega do resíduo a um transportador".[111] Nesta linha, verifica-se que o Poder Público "se apresenta apenas como coadjuvante, haja vista que sua atuação nessa seara somente se fará necessária de forma subsidiária com vistas a minimizar ou cessar dano relacionado ao gerenciamento de resíduos".[112]

Estão obrigados a estruturar e implementar o sistema de logística reversa, fabricantes, importadores, distribuidores e comerciantes de agrotóxicos, pilhas e baterias, pneus, óleos lubrificantes, lâmpadas fluorescentes e produtos eletroeletrônicos e seus componentes. Independem a instituição e operação de tal sistema do serviço público de limpeza urbana e de manejo dos resíduos sólidos.

Em avanço, um dos objetivos da Lei da Política Nacional de Resíduos Sólidos é a redução do volume e da periculosidade dos resíduos perigosos, sendo um dos seus instrumentos o Cadastro Nacional de Operadores de Resíduos Perigosos. Resíduos perigosos, ou aqueles resíduos sólidos que, em razão de suas características de inflamabilidade, corrosividade, reatividade, toxicidade, patogenicidade, carcinogenicidade, teratogenicidade e mutagenicidade, apresentam significativo risco à saúde pública ou à qualidade ambiental, demandam atenção especial.

Não foi por outra razão que a instalação e o funcionamento de empreendimento ou atividade que gere ou opere com resíduos perigosos somente podem ser autorizados ou licenciados pelas autoridades competentes se o responsável comprovar, no mínimo, capacidade técnica e econômica, além de condições para prover os cuidados necessários ao gerenciamento desses resíduos (art. 37 da LPNRS).

---

[110] SILVA FILHO, Carlos Roberto Vieira; SOLER, Fabricio Dorado. *Gestão de resíduos sólidos*: o que diz a lei. 2. ed. São Paulo: Trevisan, 2013. p. 26.

[111] GRANZIERA, Maria Luiza Machado. *Direito ambiental*. São Paulo: Atlas, 2009. p. 230.

[112] GUERRA, Sidney. *Resíduos sólidos*: comentários à Lei 12.305/2010. Rio de Janeiro: Forense, 2012. p. 176.

CAPÍTULO 1
O CICLO DE POLÍTICAS PÚBLICAS E A LEI DA POLÍTICA NACIONAL DE RESÍDUOS SÓLIDOS | 75

Mais uma vez a legislação inova ao estabelecer que, no licenciamento ambiental de empreendimentos ou atividades que operem com resíduos perigosos, o órgão licenciador do Sistema Nacional do Meio Ambiente poderá exigir a contratação de seguro de responsabilidade civil por danos causados ao meio ambiente ou à saúde pública, observadas as regras sobre cobertura e os limites máximos de contratação fixados em regulamento (art. 40 da LPNRS). É, sem dúvida, um dos mecanismos que deve ser discutido e melhor compreendido, pois de fundamental importância para realmente atender a e equacionar situações concretas daqueles que são afetados por danos ambientais.

Acerca dos incentivos e das proibições, ainda que não tenham sido bem tratados pela Lei da Política Nacional de Resíduos Sólidos, consta na legislação em comento que o Poder Público poderá instituir medidas indutoras e linhas de financiamento. O objetivo deverá ser para atender, prioritariamente, às iniciativas que envolvem prevenção e redução da geração de resíduos, desenvolvimento de produtos com menores impactos, instituição de coleta seletiva e logística reversa, descontaminação de áreas órfãs, desenvolvimento de pesquisas e sistema de gestão ambiental (art. 42 da LPNRS).

A instituição de consórcios públicos, com o objetivo de viabilizar a descentralização e a prestação de serviços públicos que envolvam resíduos sólidos, passou a ter prioridade na obtenção dos incentivos instituídos pelo Governo Federal. Mais um, entre os muitos, pontos positivos que marcam as formas de associação e compartilhamento de atividades em matéria de resíduos sólidos.

No que tange às proibições, algumas não são novas, pois já inseridas no ordenamento jurídico brasileiro. Especificamente, a Lei da Política Nacional de Resíduos Sólidos estabeleceu como proibições atividades diretamente relacionadas tanto com a destinação de resíduos sólidos quanto com a disposição final rejeitos. Neste sentido, restou vedado o lançamento em praias, no mar ou em quaisquer corpos hídricos. Também está proibido o lançamento *in natura* a céu aberto, excetuados os resíduos de mineração, a queima a céu aberto ou em recipientes, instalações e equipamentos não licenciados para essa finalidade, bem como outras formas vedadas pelo Poder Público (art. 47, incisos, da LPNRS).

Também foi proibida, nas áreas em que haja disposição final de resíduos ou rejeitos, a utilização destes como alimentação, catação, criação de animais domésticos, fixação de habitação, seja ela temporária ou permanente, além de outras atividades que forem vedadas pelo Poder Público (art. 48, incisos, da LPNRS).

1.3.4 Algumas considerações finais de relevo

Primeiramente, a política nacional em comento fez constar expressamente em suas disposições transitórias e finais que a inexistência de regulamento relativo ao plano de gerenciamento de resíduos sólidos não obsta a atuação, nos termos da referida legislação, das cooperativas ou outras formas de associação de catadores de materiais reutilizáveis e recicláveis. O objetivo é não permitir qualquer tipo de embaraço jurídico quanto à inclusão socioeconômica dos catadores, ou, em uma linguagem mais atual, catadores de materiais reutilizáveis e recicláveis.[113]

Adiante, focou em explicitar a responsabilidade objetiva pelos danos ocorridos em razão da inobservância dos preceitos estabelecidos na Lei da Política Nacional de Resíduos Sólidos, o que significa dizer que a obrigação de reparar independe da existência de culpa. Em outras palavras, basta restar caracterizado o liame entre conduta e dano para que o dever de reparar deva ser observado (art. 51, da LPNRS).

Por fim, além de entrar em vigor na data de sua publicação, a política nacional de resíduos sólidos fez constar que a disposição ambientalmente adequada de rejeitos deverá ser implementada em até quatro anos, o que se comprovou ser inviável na prática, tendo em vista a complexidade e todas as singularidades envolvendo o tema no cenário brasileiro (art. 55, da LPNRS). Consta, ainda, que os planos estaduais de resíduos sólidos e os planos municipais de gestão integrada de resíduos sólidos deverão ser elaborados pelos respectivos entes federativos no prazo máximo de dois anos da publicação da lei que instituiu a política nacional, o que também não se efetivou, tendo em vista os mais diversos e variados motivos, ainda que muitos entes tenham avançado, e muito, nesse ponto.

---

[113] Abordagem conferida pelo Ministério do Meio Ambiente – MMA (BRASIL. Ministério do Meio Ambiente – MMA. *Catadores de materiais recicláveis*. Disponível em: <http://www.mma.gov.br/cidades-sustentaveis/residuos-solidos/catadores-de-materiais-reciclaveis>. Acesso em: 31 jan. 2016.

CAPÍTULO 2

SANEAMENTO AMBIENTAL, PAPEL DOS ESTADOS-MEMBROS E ARRANJOS JURÍDICOS DE COOPERAÇÃO FEDERATIVA

2.1 Saneamento ambiental: uma (r)evolução

Nos últimos anos, o entendimento tradicional sobre saneamento básico tanto evoluiu quanto passou por uma verdadeira revolução, o que fez com que a sua concepção historicamente arraigada aos sistemas de água e de esgotamento sanitário adentrasse em campos preteritamente inimagináveis, como limpeza urbana e manejo de resíduos sólidos, além da drenagem e manejo das águas pluviais, limpeza e fiscalização preventiva das respectivas redes urbanas. São as novas e inovadoras transformações contemporâneas que estão revolucionando e evoluindo conceitos, fenômeno responsável diretamente pela passagem da ideia de saneamento básico para seu contemporâneo entendimento como saneamento ambiental.[114]

Segundo Édis Milaré, trata-se de "um enfoque integrador"[115] conferido pelo art. 3º[116] da Lei nº 11.445, de 5.1.2007, Lei de Diretrizes

---

[114] Reporta-se, mais uma vez, ao entendimento de Ariovaldo Nuvolari (*Dicionário de saneamento ambiental*. São Paulo: Oficina de Textos, 2013. p. 281-282).

[115] MILARÉ, Édis. *Direito do ambiente*. 8. ed. São Paulo: Revista dos Tribunais, 2013. p. 1073.

[116] Lei nº 11.445, de 5.1.2007, art. 3º, inc. I, alíneas *a, b, c* e *d* – "Para os efeitos desta Lei, considera-se: saneamento básico: conjunto de serviços, infra-estruturas e instalações operacionais de: abastecimento de água potável: constituído pelas atividades, infra-estruturas e instalações necessárias ao abastecimento público de água potável, desde a captação até as ligações prediais e respectivos instrumentos de medição; esgotamento sanitário: constituído pelas atividades, infra-estruturas e instalações operacionais de coleta, transporte, tratamento e disposição final adequados dos esgotos sanitários, desde as ligações

Nacionais de Saneamento Básico.[117] Em outras palavras, a legislação passou a considerar o saneamento básico como o conjunto de serviços, infraestruturas e instalações operacionais de (i) abastecimento de água potável, (ii) esgotamento sanitário, (iii) limpeza urbana e manejo de resíduos sólidos, e (iv) drenagem e manejo das águas pluviais, limpeza e fiscalização preventiva das respectivas redes urbanas.

Ainda com base nos ensinamentos de Édis Milaré, a redação do citado dispositivo sinaliza claramente que o legislador "optou por uma visão mais consentânea com a realidade, afastando-se do tradicional e restrito conceito de saneamento, como operação exclusiva dos sistemas de água e de esgotamento sanitário",[118] o que significa um nítido abandono ao entendimento *stricto sensu* de saneamento básico.

Com a referida (r)evolução, pode-se dizer que o entendimento atual acerca do que vem sendo convencionado chamar de saneamento ambiental carrega em sua essência uma pluralidade de funções, isto é, ao mesmo tempo em que se trata de uma ação de saúde pública e de proteção ambiental, constitui-se igualmente como um bem de consumo coletivo, o que pode ser configurado como um serviço essencial ao ser humano e, consequentemente, um direito do cidadão e um dever do Estado, tudo sob o olhar vigilante das competências constitucionalmente estabelecidas.

2.1.1 Competências constitucionais

A Constituição da República Federativa do Brasil de 1988 adotou, como um dos seus princípios básicos em matéria de distribuição de competência, o princípio da predominância do interesse. Significa dizer que, naquelas matérias e questões em que o interesse predominante for o geral, a competência constitucionalmente estabelecida será a da União, ao passo que aos estados-membros predominará o interesse regional, salvo o Distrito Federal, que por expressa disposição constitucional

---

prediais até o seu lançamento final no meio ambiente; limpeza urbana e manejo de resíduos sólidos: conjunto de atividades, infra-estruturas e instalações operacionais de coleta, transporte, transbordo, tratamento e destino final do lixo doméstico e do lixo originário da varrição e limpeza de logradouros e vias públicas; drenagem e manejo das águas pluviais, limpeza e fiscalização preventiva das respectivas redes urbanas: conjunto de atividades, infraestruturas e instalações operacionais de drenagem urbana de águas pluviais, de transporte, detenção ou retenção para o amortecimento de vazões de cheias, tratamento e disposição final das águas pluviais drenadas nas áreas urbanas;"

[117] "Estabelece diretrizes nacionais para o saneamento básico; [...]".

[118] MILARÉ, Édis. *Direito do ambiente*. 8. ed. São Paulo: Revista dos Tribunais, 2013. p. 1073.

acumulará, em regra, as competências estaduais e municipais. Com relação aos municípios, por sua vez, a competência envolverá os assuntos de interesse local.

Percebe-se, com isso, uma distinção formalmente muito bem delineada, ainda que inúmeras sejam as dificuldades ao se tentar estabelecer uma distinção mais aprofundada entre os interesses destacados. É por esta razão que José Afonso da Silva pontua dizendo que "no Estado moderno, se torna cada vez mais problemático discernir o que é interesse geral ou nacional do que seja interesse regional ou local".[119] Em consonância com referida realidade – complexa –, pode-se falar também em outro princípio, o da subsidiariedade, que, sob sua ótica vertical, entende que a interferência do ente "maior" (União em relação aos estados-membros, por exemplo) apenas deva ocorrer quando o "menor" não puder realizar suas ações de forma suficiente. Sob sua veia horizontal, volta-se para uma primazia da iniciativa privada, devendo o estado agir unicamente de forma residual.[120] O foco deste estudo, especialmente o deste tópico, está em conectar predominância do interesse e subsidiariedade, sem a pretensão de exaurir, e diferente não poderia ser, as discussões doutrinárias e jurisprudenciais que envolvem o tema das competências.

Fato é que a linha adotada pelo legislador constituinte originário sinaliza claramente no estabelecimento de quatro pontos básicos em matéria de competências administrativas e legislativas. O primeiro deles estabelece uma espécie de reserva de campos específicos de competência, isto é, poderes enumerados à União,[121] remanescentes aos estados-membros,[122] enumerados aos municípios,[123] e aqueles que envolvem o Distrito Federal, uma espécie de somatória dos poderes conferidos aos estados-membros e aos municípios,[124] ressalvados, neste caso,

---

[119] SILVA, José Afonso da. *Curso de direito constitucional positivo*. 30. ed. São Paulo: Malheiros, 2008. p. 477.

[120] CASTRO, José Nilo de. *Direito municipal positivo*. Belo Horizonte: Del Rey, 2006. p. 205.

[121] Carta Magna, arts. 21 e 22, *caput* – "Compete à União: [...]" e "Compete privativamente à União legislar sobre: [...]".

[122] Carta Magna, art. 25, §1º – "Os Estados organizam-se e regem-se pelas Constituições e leis que adotarem, observados os princípios desta Constituição. [...] São reservadas aos Estados as competências que não lhes sejam vedadas por esta Constituição".

[123] Carta Magna, art. 30, *caput* – "Compete aos Municípios: [...]".

[124] Carta Magna, art. 32, §1º – "O Distrito Federal, vedada sua divisão em Municípios, reger-se-á por lei orgânica, votada em dois turnos com interstício mínimo de dez dias, e aprovada por dois terços da Câmara Legislativa, que a promulgará, atendidos os princípios estabelecidos nesta Constituição. [...] Ao Distrito Federal são atribuídas as competências legislativas reservadas aos Estados e Municípios".

por previsão expressa contida no art. 22, inc. XVII da Constituição.[125] O segundo dos pontos básicos em matéria de distribuição de competências permeada pela predominância do interesse envolve a possibilidade de delegação, o que significa dizer que lei complementar poderá autorizar os estados-membros a legislarem sobre questões específicas das matérias de competência privativa da União.[126] O terceiro dos pontos envolve áreas comuns de atuação administrativa paralela, isto é, competência comum da União, dos estados-membros, do Distrito Federal e dos municípios.[127] O quarto e último envolve áreas de atuação legislativa concorrente entre União, estados-membros e Distrito Federal.[128]

Neste sentido, falar em competência administrativa e legislativa dos entes políticos – União, estados, Distrito Federal e municípios – significa dizer que a primeira – a administrativa – confere um poder-dever (ou dever-poder)[129] ao ente político. Autoriza-o a concretizar atividades materiais atreladas ao planejamento, à organização, ao poder de polícia, ao controle e à fiscalização dos temas estabelecidos na Constituição da República Federativa do Brasil de 1988, sem, porém, implicar a edição de normas para tanto. A segunda – a legislativa –, por sua vez, autoriza o ente político a editar leis e demais atos normativos para disciplinar as matérias também previstas na Carta Magna.

A competência constitucional administrativa pode ser classificada em exclusiva (ou privativa) e em comum. A primeira, que é inerente ao ente político, pode ser subdividida em enumerada, que é constitucionalmente estabelecida para determinado ente político, e em residual (ou remanescente), que, como o próprio nome dá a entender, representa aquela que não é estabelecida tacitamente pelo texto

---

[125] Carta Magna, art. 22, inc. XVII – "Compete privativamente à União legislar sobre: [...] organização judiciária, do Ministério Público do Distrito Federal e dos Territórios e da Defensoria Pública dos Territórios, bem como organização administrativa destes".

[126] Carta Magna, art. 22, parágrafo único – "Lei complementar poderá autorizar os Estados a legislar sobre questões específicas das matérias relacionadas neste artigo".

[127] Carta Magna, art. 23, *caput* – "É competência comum da União, dos Estados, do Distrito Federal e dos Municípios".

[128] Carta Magna, art. 24, *caput* – "É competência comum da União, dos Estados, do Distrito Federal e dos Municípios".

[129] Para Celso Antônio Bandeira de Mello, existem deveres que geram poderes, e não o contrário. Nesse sentido, vejamos sua lição literalmente: "[...] as prerrogativas que nesta via exprimem tal supremacia não são manejáveis ao sabor da Administração, porquanto esta jamais dispõe de 'poderes', *sic et simpliciter*. Na verdade, o que nela se encontram são 'deveres-poderes', como se aqui se aclama. Isto porque a atividade administrativa é desempenho de 'função'" (BANDEIRA DE MELLO, Celso Antônio. *Curso de direito administrativo*. 18. ed. São Paulo: Malheiros, 2005. p. 88).

constitucional, podendo ser concretizada pelo ente político quando não houver vedação constitucional.

A segunda, a competência constitucional administrativa comum, estabelece um verdadeiro regime de competência condominial (cumulativa ou paralela) em que todos os entes políticos estão autorizados a atuar em prol da concretização dos temas constitucionalmente estabelecidos. Sob esta ótica, o próprio texto constitucional prevê a edição de leis complementares para fixar normas para ajustar a cooperação federativa com vista ao equilíbrio do desenvolvimento e ao bem-estar em âmbito nacional.

A competência constitucional em matéria legislativa, em outro campo, pode ser entendida como aquela dividida em exclusiva e concorrente. A competência legislativa exclusiva, precípua a cada ente político, trata tanto da enumerada, cuja competência para legislar é estabelecida de forma expressa no texto constitucional, quanto da residual, cuja competência legislativa sobre dada matéria poderá ser exercida, desde que não tenha sido estabelecida competência expressa dessa matéria em prol de outro ente político, nem exista vedação constitucional para legislar a respeito.

A competência legislativa concorrente institui um regime de competência solidária em que não só um ente político poderá editar leis para complementar a legislação de âmbito nacional e, se for o caso, estadual em prol das suas necessidades, como também a omissão legislativa de um ente político autorizará que os demais legislem de forma plena sobre a matéria.

Nesse sentido, a competência constitucional legislativa concorrente pode ser subdividida em plena, suplementar complementar e suplementar supletiva. Na primeira, compete apenas à União editar normas gerais nacionais sobre as matérias previstas no texto constitucional, que são de observância obrigatória pelos demais entes políticos. Na segunda, a suplementar complementar, na qual compete aos estados, Distrito Federal e municípios, segundo as suas respectivas esferas de competência, editarem normas para complementar as normas gerais nacionais com vista ao atendimento de suas necessidades. A terceira, a suplementar supletiva, ocorrerá diante da ausência de normas gerais nacionais, oportunidade em que estados-membros, Distrito Federal e municípios, também segundo as suas searas de competências, estão autorizados a exercer, de forma plena, a sua competência para legislar a respeito do tema.

82 | LAONE LAGO
PLANOS ESTADUAIS DE RESÍDUOS SÓLIDOS – POLÍTICA PÚBLICA, GESTÃO ASSOCIADA E SUSTENTABILIDADE

Neste último caso, se ocorrer o advento da norma geral nacional e, mais do que isso, se a legislação estadual, distrital e/ou municipal vigente conflitar, de forma flagrante, com a primeira, a segunda, que envolve a legislação estadual, distrital e/ou municipal, terá a sua eficácia suspensa, isto é, não deterá mais efeito concreto no ordenamento jurídico.[130]

2.1.2 Competência constitucional administrativa

A competência constitucional administrativa exclusiva enunciada para instituir diretrizes para o desenvolvimento urbano, inclusive habitação, saneamento básico e transportes urbanos consta expressa em favor da União, segundo preceitua a Carta Magna.[131] A Constituição da República Federativa do Brasil de 1988, por outro lado, também conferiu à União, aos estados, ao Distrito Federal e aos municípios competência administrativa comum para que possam promover tanto os programas de construção de moradias e melhoria das condições habitacionais quanto os de saneamento básico.[132] Consta ainda na Carta Magna previsão de competência administrativa privada ao ente federativo municipal para organizar e prestar, diretamente ou sob regime de concessão ou permissão, os serviços públicos de interesse local, incluído o de transporte coletivo, que tem caráter essencial.[133]

Apesar de a Constituição brasileira exteriorizar apenas o serviço público de transporte coletivo como competência municipal em matéria administrativa, existe historicamente uma forte tendência em ser o município reconhecido como o titular dos serviços de manejo de resíduos sólidos e de limpeza urbana, além daqueles envolvendo drenagem e manejo das águas pluviais, limpeza e fiscalização preventiva das respectivas redes urbanas. Referido argumento em prol da

---

[130] Não será objeto de discussão neste estudo a controvérsia acerca da possibilidade de os municípios editarem leis aumentando a proteção ambiental em seu território, assim como eventuais limites de sua atuação.

[131] Carta Magna, art. 21, inc. XX – "Compete à União: [...] instituir diretrizes para o desenvolvimento urbano, inclusive habitação, saneamento básico e transportes urbanos".

[132] Carta Magna, art. 23, inc. IX – "É competência comum da União, dos Estados, do Distrito Federal e dos Municípios: [...] promover programas de construção de moradias e a melhoria das condições habitacionais e de saneamento básico".

[133] Carta Magna, art. 30, inc. V – "Compete aos Municípios: [...] organizar e prestar, diretamente ou sob regime de concessão ou permissão, os serviços públicos de interesse local, incluído o de transporte coletivo, que tem caráter essencial".

SANEAMENTO AMBIENTAL, PAPEL DOS ESTADOS-MEMBROS E ARRANJOS JURÍDICOS DE COOPERAÇÃO FEDERATIVA

titularidade municipal encontra-se encampado pela atual concepção de saneamento ambiental.[134] É bom que se diga, porém, que havia até muito recentemente divergência em se reconhecer o município como titular dos serviços de abastecimento de água potável e de esgotamento sanitário. Dúvida esta que se insurgia notadamente quando o estado-membro da federação, por meio de lei complementar, viesse a instituir a gestão compartilhada a ser implementada pelas regiões metropolitanas, microrregiões e aglomerados urbanos para integrar o planejamento, a organização e a prestação desses serviços.[135]

O Supremo Tribunal Federal – STF ao apreciar a Ação Direta de Inconstitucionalidade nº 1.842, do estado do Rio de Janeiro (ADI nº 1.842/RJ),[136] pacificou o entendimento segundo o qual os municípios que não fazem parte da gestão compartilhada estão investidos na titularidade dos serviços de saneamento básico. Por outro lado, se vier a ser instituída a gestão compartilhada, a titularidade desses serviços caberá, ao mesmo tempo, ao estado-membro e aos municípios integrantes dessas regiões. Percebe-se, portanto, que a titularidade é do município, podendo ela ser compartilhada, o que não a afasta do titular originário.

Entendendo melhor os fatos e fundamentos que ensejaram o posicionamento do Supremo Tribunal Federal – STF, deve-se pontuar que o estado do Rio de Janeiro, com respaldo no §3º, do art. 25, do texto constitucional, e no art. 75, da Constituição do Estado do Rio de Janeiro de 1989, editou a Lei Complementar Estadual nº 87/1997.[137] Institui-se, com isso, a Região Metropolitana do Estado do Rio de Janeiro, a Microrregião dos Lagos e, ainda, a Região da Costa Verde, que, por sua vez, compreende duas microrregiões, que são a Microrregião da Baía de Sepetiba e a Microrregião da Baía da Ilha Grande.

Ocorre que tanto a Lei Complementar Estadual nº 87/1997 quanto a Lei Estadual nº 2.869/1997 foram objeto de questionamento perante

---

[134] Neste sentido, recomenda-se: MEIRELLES, Hely Lopes. *Direito municipal brasileiro*. 12. ed. São Paulo: Malheiros, 2001. p. 413-414; 437-438.

[135] Carta Magna, art. 25, §3º – "Os Estados organizam-se e regem-se pelas Constituições e leis que adotarem, observados os princípios desta Constituição: [...] Os Estados poderão, mediante lei complementar, instituir regiões metropolitanas, aglomerações urbanas e microrregiões, constituídas por agrupamentos de municípios limítrofes, para integrar a organização, o planejamento e a execução de funções públicas de interesse comum".

[136] STF, Pleno. ADI nº 1.842/RJ. Rel. Min. Maurício Corrêa.

[137] Lei Complementar Estadual nº 87, de 16.12.1997, que dispõe sobre a "Região Metropolitana do Rio de Janeiro, sua composição, organização e gestão, e sobre a microrregião dos Lagos, define as funções públicas e serviços de interesse comum e dá outras providências".

Supremo Tribunal Federal – STF. O Partido Democrático Trabalhista alegou que o estado do Rio de Janeiro, a pretexto de criar, por meio de lei complementar, as aglutinações municipais suscitadas, acabou por avocar, para si, e de forma indevida, os serviços de interesse local.[138] O resultado disso foi o fato de que os municípios das referidas aglutinações foram alijados do processo decisório sobre a gestão desses serviços, violando, com isso, o princípio do pacto federativo com agressão à autonomia constitucional municipal.[139]

O Supremo Tribunal Federal – STF, por maioria, decidiu pela inconstitucionalidade parcial de dispositivos da Lei Complementar Estadual nº 87/97, notadamente quanto ao modelo de governança da região estabelecido com amplos poderes decisórios em prol do estado do Rio de Janeiro e, ainda, em relação ao processo de gestão dos serviços de saneamento que também lhe fora atribuído quase que integralmente. O mesmo ocorreu com a Lei Estadual nº 2.869/1997, cujos dispositivos que tratavam dos serviços de saneamento básico foram declarados inconstitucionais.

A corrente vencedora no Supremo Tribunal Federal – STF entendeu que as funções de interesse comum das aglutinações urbanas limítrofes (região metropolitana, microrregião e aglomerado urbano) estão encartadas, na verdade, na gestão compartilhada a ser exercida, de forma consensual, pelo estado-membro e pelos municípios. Nesta linha, o estado da Federação, ao instituir a aglutinação municipal limítrofe, não pode avocar, para si, a gestão dos serviços de saneamento básico a pretexto de criar a região metropolitana, nem sequer está autorizado a alijar os municípios do processo decisório sobre essa gestão.

Assim, a titularidade dos serviços de saneamento encartados no âmbito das funções de interesse comum é da gestão compartilhada, isto é, do estado e do município conjuntamente, ainda que sua instituição ocorra "de cima" (do estado-membro) "para baixo" (sobre o município). Não obstante, o Supremo Tribunal Federal – STF não estabeleceu, de forma clara, como poderá ocorrer o regime de governança da região metropolitana, do aglomerado urbano e da microrregião, possibilitando, assim, a gestão adequada desses serviços.

---

[138] Carta Magna, art. 30, incs. I e V – "Compete aos Municípios: legislar sobre assuntos de interesse local; [...] organizar e prestar, diretamente ou sob regime de concessão ou permissão, os serviços públicos de interesse local, incluído o de transporte coletivo, que tem caráter essencial".

[139] Carta Magna, art. 18 – "A organização político-administrativa da República Federativa do Brasil compreende a União, os Estados, o Distrito Federal e os Municípios, todos autônomos, nos termos desta Constituição".

Na verdade, há uma sinalização de que as funções públicas de interesse comum dessas aglutinações municipais podem vir a ser materializadas pela via da gestão associada concretizada pelos consórcios públicos,[140] ou, ao revés, por meio de lei complementar estadual segundo a forma definida pelo legislador estadual.[141]

Por fim, a decisão emanada pelo Supremo Tribunal Federal – STF no julgamento da Ação Direta de Inconstitucionalidade nº 1.842 teve a postergação dos seus efeitos decisórios para vinte e quatro meses a contar da publicação, em razão de potencial insegurança jurídica que a declaração imediata da inconstitucionalidade poderia ocasionar. Considerando que a publicação se deu em 16.9.2013, razão pela qual os dispositivos extirpados pelo Supremo Tribunal Federal – STF não são mais constitucionais, a postura ativa do estado do Rio de Janeiro na matéria é uma necessidade que se encontra latente.

2.1.3 Competência constitucional legislativa

Saneamento, incluindo o serviço de manejo de resíduos sólidos e de limpeza urbana, quiçá a sua vertente mais atual definida como saneamento ambiental, não conta, ao menos de forma clara e explícita, na competência legislativa de nenhum dos entes políticos brasileiros. Pode-se dizer, porém, que a Constituição atribuiu ao município competência legislativa exclusiva enumerada para dispor sobre assunto de interesse local,[142] o qual "não é o interesse exclusivo do Município, porque não há interesse municipal que o não seja, reflexamente, do Estado-membro e da União. O que caracteriza esse interesse municipal é a sua predominância para o Município em relação ao eventual interesse estadual ou federal acerca do assunto".[143]

---

[140] Carta Magna, art. 241 – "A União, os Estados, o Distrito Federal e os Municípios disciplinarão por meio de lei os consórcios públicos e os convênios de cooperação entre os entes federados, autorizando a gestão associada de serviços públicos, bem como a transferência total ou parcial de encargos, serviços, pessoal e bens essenciais à continuidade dos serviços transferidos".

[141] Carta Magna, art. 25, §3º – "Os Estados organizam-se e regem-se pelas Constituições e leis que adotarem, observados os princípios desta Constituição: [...] §3º Os Estados poderão, mediante lei complementar, instituir regiões metropolitanas, aglomerações urbanas e microrregiões, constituídas por agrupamentos de municípios limítrofes, para integrar a organização, o planejamento e a execução de funções públicas de interesse comum".

[142] Carta Magna, art. 30, inc. I – "Compete aos Municípios: legislar sobre assuntos de interesse local".

[143] MEIRELLES, Hely Lopes. Direito municipal brasileiro. 12. ed. São Paulo: Malheiros, 2001. p. 403.

Como já exposto, o município tem competência administrativa exclusiva enumerada para organizar e prestar, direta ou indiretamente, os serviços públicos de interesse local, entre eles, o de saneamento básico. Ora, é certo que precede a própria organização e prestação dos serviços de saneamento básico a sua instituição e disciplinamento por lei, que, por se tratar de assunto de interesse local, se encarta, a princípio, na competência legislativa exclusiva enumerada do município.

Contudo, não há como fechar os olhos para o fato de que os serviços de saneamento sempre tiveram, em maior ou menor grau, interesse estadual e, quiçá, federal. Isso se explica porque tais serviços possuem caráter intersetorial, que demonstra o seu estreito liame com o desenvolvimento urbano, saúde, educação, meio ambiente, recursos hídricos, orçamento e finanças públicas, ordem econômica etc., informando e, ao mesmo tempo, sendo informado pelas ações, programas e políticas públicas voltadas para essas temáticas transversais.

Sobre tais bases, a União, os estados, o Distrito Federal e o próprio município estão autorizados a legislar, em regime de solidariedade, sobre temas transversais afetados ao saneamento, especificamente em se tratando de saneamento ambiental. Não foi por outra razão que, no exercício de sua competência legislativa plena sobre temas transversais atrelados ao saneamento, a União editou a Lei nº 11.445, de 5.1.2007, Lei de Diretrizes Nacionais de Saneamento Básico, e o seu Decreto nº 7.217, de 21.7.2010. Nesta linha, também instituiu a Lei nº 12.305, de 2.8.2010, Lei da Política Nacional de Resíduos Sólidos, com o seu Decreto nº 7.404, de 23.12.2010.

Antes disso, a União, no exercício de sua competência para estabelecer normas gerais sobre contratações públicas,[144] já tinha editado a Lei nº 11.107, de 6.4.2005, Lei de Consórcios Públicos,[145] e seu Decreto nº 6.017, de 17.1.2007.[146]

Todos estes diplomas legais juntos formam o que pode ser chamado tríade legal do saneamento ambiental – três normativos que estruturam suas bases –, estabelecendo valores, princípios e regras

---

[144] Carta Magna, art. 22, inc. XXVII – "Compete privativamente à União legislar sobre: normas gerais de licitação e contratação, em todas as modalidades, para as administrações públicas diretas, autárquicas e fundacionais da União, Estados, Distrito Federal e Municípios, obedecido o disposto no art. 37, XXI, e para as empresas públicas e sociedades de economia mista, nos termos do art. 173, §1º, III".

[145] "Dispõe sobre normas gerais de contratação de consórcios públicos e dá outras providências".

[146] "Regulamenta a Lei nº 11.107, de 6 de abril de 2005, que dispõe sobre normas gerais de contratação de consórcios públicos".

legais, assim como objetivos, diretrizes e instrumentos específicos e próprios para a gestão, integrada e associada, e o gerenciamento dos serviços de saneamento, sem, porém, afastar-se da necessária integração com outros temas transversais ao saneamento ambiental.

Os demais entes políticos podem suplementar, de forma complementar, a tríade legal do saneamento ambiental para atender aos seus interesses precípuos. Porém, se estados, Distrito Federal e municípios já tiverem editado legislação sobre consorciamento, saneamento e resíduos sólidos antes do advento das referidas legislações gerais e, além disso, se as leis e demais atos normativos estaduais, distritais e municipais conflitarem com a tríade legal do saneamento ambiental, as referidas normas terão a sua eficácia suspensa.[147]

2.1.4 A tríade legal

A legislação que instituiu os consórcios públicos – Lei de Consórcio Público – fez emergir uma forma de cooperação federativa de natureza voluntária chamada de gestão associada, que, pela via da consensualidade, tem por objetivo viabilizar a associação entre os entes federados para o desenvolvimento de competências próprias atreladas ao planejamento, a regulação, a fiscalização e a prestação de serviços públicos. Situação, esta, que pode envolver ou não a transferência dessas competências entre eles.[148]

Referida forma de cooperação federativa pela via da associação pode ser basicamente concretizada por meio de duas maneiras, que são o convênio de cooperação ou o consórcio público.[149] A primeira, o convênio de cooperação, nada mais é do que um ato administrativo complexo ratificado ou aprovado por lei, estando voltado para a gestão de serviço público propriamente dito, sem, porém, ensejar a formação de uma nova pessoa jurídica. Segundo Odete Medauar, o convênio poder ser conceituado "como ajuste entre órgão ou entidades do poder público

---

[147] Na mesma linha do acima pontuado, não será objeto de discussão neste estudo a controvérsia acerca da possibilidade de os municípios editarem leis aumentando a proteção ambiental em seu território, assim como eventuais limites de sua atuação.

[148] MOREIRA NETO, Diogo de Figueiredo. *Curso de direito administrativo*: parte introdutória, parte geral e parte especial. 16. ed. Rio de Janeiro: Forense, 2014. p. 211.

[149] Para um aprofundamento sobre a gestão associada a ser materializada pela via da contratação do consórcio público, recomenda-se: ARAÚJO, Marcos Paulo Marques. *Contratação de Consórcios Intermunicipais pela Lei n.º 11.107/05, Lei de Consórcios Públicos para a Gestão Associada de Serviço Público*. Disponível em: <http://www2.ibam.org.br/teleibam/estudo.asp>. Acesso em: 8 mar. 2015.

ou entre estes e entidades privadas, visando a realização de projetos ou atividades de interesse comum, em regime de mútua cooperação".[150] Em outra direção emerge o consórcio público como contratualização da relação jurídica travada entre os entes políticos com a chancela do Poder Legislativo. Forja-se, com isso, uma nova pessoa jurídica, associação pública ou associação civil sem fins lucrativos, que poderá em nome próprio exercer direitos e assumir obrigações com vista ao aumento da escala da oferta de serviços públicos para a população mediante a redução de custos para os entes consorciados. Mais do que isso, não se admite a mera retirada do ente consorciado do consórcio público, sem, antes, aquele, o ente consorciado retirante, arcar com as suas responsabilidades financeiras de cunho indenizatório perante os demais entes consorciados e o próprio consórcio.[151]

Neste sentido, a cooperação pela via da associação instituída pela Lei de Consórcios Públicos ocorrerá tanto pela sua forma federativa simplificada, o convênio de cooperação, quanto pela sua vertente mais sofisticada, o consórcio público, instrumentos voltados para promover os interesses comuns dos entes federados à luz da devida segurança jurídica e institucional.

A legislação que instituiu o saneamento ambiental – Lei de Diretrizes Nacionais de Saneamento Básico – positivou valores, princípios, objetivos, diretrizes e instrumentos próprios para o setor do saneamento. Rompeu-se, com isso – repita-se –, a concepção tradicional de saneamento básico como sinônimo de abastecimento de água potável e esgotamento sanitário, ampliando-o para os campos da drenagem e manejo das águas pluviais, limpeza e fiscalização preventiva das respectivas redes urbanas, além do manejo de resíduos sólidos e da limpeza urbana, o que caracteriza o saneamento ambiental.

Os componentes de gestão estão fortemente previstos na legislação do saneamento ambiental. Foca-se no planejamento, na regulação, na fiscalização e na prestação de serviços públicos, diretrizes que já eram estabelecidas na Lei de Consórcios Públicos, porém, evidentemente, endereçam-se propriamente para o setor do saneamento (art. 49, inc. VI, da LDNSB). A Lei de Diretrizes Nacionais de Saneamento Básico – é

---

[150] MEDAUAR, Odete. *Direito administrativo*. 15. ed. São Paulo: Revista dos Tribunais, 2011. p. 244.

[151] DI PIETRO, Maria Sylvia Zanella. *Parcerias na Administração Pública*: concessão, permissão, terceirização, parceria público-privada e outras formas. 9. ed. São Paulo: Atlas, 2012. p. 243-256.

bom que se diga – vai além e detalha o conteúdo de cada um desses componentes, seja em prol de cada ente federado seja em sede da gestão associada materializada pelo convênio de cooperação ou pelo consórcio público. Agrega-se, ainda, o controle social como instrumento de participação da sociedade civil nessa gestão e, ainda, busca estabelecer mecanismos remuneratórios em prol da sustentabilidade do sistema de saneamento (art. 3º, inc. IV, da LNDSB).

Apesar de a Lei de Diretrizes Nacionais de Saneamento Básico não indicar o titular dos serviços de saneamento básico (e não deveria fazer mesmo, uma vez que se trata de matéria de sede constitucional), trouxe atribuições claras para ele. É o caso do desenvolvimento da política pública setorial em que se insere a designação de entidade para regular o setor de saneamento e a elaboração de plano de saneamento básico, em que se exige, por conseguinte, a devida compatibilização e consolidação entre esses planejamentos setoriais.

Todavia, a Lei de Diretrizes Nacionais de Saneamento Básico positivou o conceito de sistema integrado com a indicação de cada uma das atividades dos serviços de resíduos sólidos (art. 3º, inc. I, alínea *c* c/c art. 7º, incs. I, II e III, da LDNSB). Adotou, assim, a classificação quanto à origem dos resíduos sólidos (art. 3º, inc. I, alínea *c* c/c art. 6º c/c art. 7º, incs. I, II e III, da LDNSB), sem prejuízo de atribuir responsabilidade ao gerador dos resíduos sólidos pelo manejo de seus resíduos, desde que o titular dos serviços de saneamento, em virtude da falta de condições técnicas e econômicas do gerador, não tenha chamado para si essa responsabilidade (art. 5º c/c art. 6º da LDNSB).

Ainda no campo dos serviços de manejo de resíduos sólidos, a Lei de Diretrizes Nacionais de Saneamento Básico alterou a Lei de Licitações e Contratos Administrativos para assegurar a contratação, mediante dispensa de licitação, de organizações de catadores para a realização das atividades de coleta e de processamento de resíduos, sem prejuízo de realizarem a comercialização desses resíduos.[152]

A legislação que instituiu a Lei da Política Nacional de Resíduos Sólidos também estatuiu valores, princípios, objetivos, diretrizes e instrumentos, voltados, de forma específica, para o setor de resíduos

---

[152] Lei nº 8.666, de 21.6.1993, art. 24, inc. XXVII – "É dispensável a licitação: [...] na contratação da coleta, processamento e comercialização de resíduos sólidos urbanos recicláveis ou reutilizáveis, em áreas com sistema de coleta seletiva de lixo, efetuados por associações ou cooperativas formadas exclusivamente por pessoas físicas de baixa renda reconhecidas pelo poder público como catadores de materiais recicláveis, com o uso de equipamentos compatíveis com as normas técnicas, ambientais e de saúde pública".

sólidos, sem, porém, perder a interface com as normas estabelecidas pela Lei de Diretrizes Nacionais de Saneamento Básico.

A política nacional em matéria de resíduos sólidos não chegou a adentrar nas especificidades dos elementos da gestão dos resíduos sólidos, quais sejam, planejamento, regulação, fiscalização e prestação desses serviços, vez que já estão postos na Lei de Diretrizes Nacionais de Saneamento Básico, mantendo-se concentrada no gerenciamento de resíduos sólidos, inclusive com fomento aos consórcios públicos.

Com efeito, a referida política nacional consagra a classificação dos resíduos sólidos quanto à origem induzida na Lei de Diretrizes Nacionais de Saneamento Básico e, indo adiante, traz a classificação em relação à periculosidade (art. 13, incs. I e II, da LPNRS), assim como promove a distinção entre resíduos sólidos e rejeitos, o que vai impactar sobre o gerenciamento do setor de resíduos (art. 3º, incs. XV e XVI, da LPNRS).

Em harmonia com a necessidade de ser estabelecido um prévio planejamento para o setor de saneamento, segundo determinado pela Lei de Diretrizes Nacionais de Saneamento Básico, a Lei da Política Nacional de Resíduos Sólidos prevê a edição de planos de resíduos sólidos não só pelas unidades da Federação, mas também pelos geradores de resíduos sólidos. Prevê, também, a possibilidade da elaboração de planejamento de resíduos sólidos em sede da gestão associada pela via do consorciamento e no âmbito da gestão compartilhada (art. 14, incs. I e VI, da LPNRS).

Referida política pública reiterou a responsabilidade compartilhada dos fabricantes, dos importadores, dos distribuidores, dos comerciantes, dos consumidores e dos municípios, seja de forma individualizada seja de maneira encadeada, pelo ciclo de vida dos produtos. Estabeleceu-se, a partir dessa responsabilidade, o sistema de logística reversa com vista ao reaproveitamento e reinserção dos resíduos sólidos passíveis de reciclagem na cadeia produtiva, contando com a participação das organizações de catadores para tanto.

Diante de todo o exposto, fica claro que a Lei de Consórcios Públicos, a Lei de Diretrizes Nacionais de Saneamento Básico e a Lei da Política Nacional de Resíduos Sólidos estabeleceram, entre si, uma relação de convergência e, ao mesmo tempo, de complementaridade. A Lei de Consórcios Públicos trouxe a devida segurança jurídica para o ambiente da gestão associada, seja pelo caminho do convênio de cooperação seja pelo viés do consórcio público, com vista à realização do planejamento, da regulação, da fiscalização e da prestação dos serviços públicos.

A Lei de Diretrizes Nacionais de Saneamento Básico, por sua vez, não só apropriou a gestão associada, como também utilizou os elementos dessa gestão para orientar a composição dos serviços de saneamento, a fim de ampliar a escala da oferta dos serviços para a população com a redução de custos correspondentes. Vai além, instituindo diretrizes para conformar a gestão dos serviços de manejo de resíduos sólidos e de limpeza urbana, o que caracteriza um verdadeiro e inovador conceito de saneamento ambiental.

A Lei da Política Nacional de Resíduos Sólidos chega a se apropriar da gestão associada com o fomento ao consórcio público, mas não adentra nos elementos da gestão integrada que são estabelecidos na Lei de Diretrizes Nacionais de Saneamento Básico, permanecendo-se centrada, na verdade, em estabelecer a modelagem do gerenciamento dos serviços de resíduos sólidos, assim como a responsabilidade compartilhada que dá ensejo ao sistema de logística reversa.

Justamente por conta dessa lógica de fluxo e de refluxo estabelecida entre a Lei de Consórcios Públicos, a Lei de Diretrizes Nacionais de Saneamento Básico e a Lei da Política Nacional de Resíduos Sólidos é que se pode chamar a soma desses diplomas legais de tríade legal do saneamento ambiental. Referido movimento marca uma nova e inovadora forma de se olhar para o abastecimento de água potável e de esgotamento sanitário com as dimensões da limpeza urbana e do manejo de resíduos sólidos, além da drenagem e manejo das águas pluviais, limpeza e fiscalização preventiva das respectivas redes urbanas.

2.1.5 A titularidade dos serviços

Os serviços de limpeza urbana e manejo de resíduos sólidos, bem como a drenagem e manejo das águas pluviais, limpeza e fiscalização preventiva das respectivas redes urbanas sempre foram tradicionalmente vistos como de competência administrativa e legislativa dos municípios. Dúvidas existiam, porém, quanto à titularidade dos serviços de abastecimento de água potável e de esgotamento sanitário, especialmente pelo fato de a Constituição brasileira não sinalizar, ao menos de forma expressa, qual unidade da Federação seria a titular desses serviços.

A complexidade acerca da titularidade dos referidos serviços revela não ser esta uma tarefa trivial. Para Paulo de Bessa Antunes, a titularidade dos serviços públicos de saneamento "talvez seja o tema mais complexo da Lei em exame, pois sempre houve intensa controvérsia entre estados e municípios sobre a matéria, sobretudo em função do elevadíssimo potencial arrecadatório dos serviços de saneamento".[153] Também para Édis Milaré, "o legislador deixou de enfrentar o mais polêmico e difícil tema do saneamento brasileiro: a titularidade dos serviços".[154]

Mesmo com o advento da Lei de Diretrizes Nacionais de Saneamento Básico, ele não foi suficiente para pacificar completamente essas divergências envolvendo a titularidade dos serviços de saneamento. Fato é que a referida norma constitui lei ordinária, não podendo, por óbvio, vir a explicitar o que o texto constitucional não fez. Ainda que os dispositivos da norma em comento tenham tornado o sistema bastante aberto, foram instituídas atribuições ao titular (ainda um tanto obscuro) desses serviços, tendo vista um verdadeiro movimento em prol do aperfeiçoamento da gestão e do gerenciamento do setor.

Acrescente-se que, com a Lei de Diretrizes Nacionais de Saneamento Básico, rompeu-se com a concepção tradicional de saneamento básico, aproximando-se de uma verdadeira (r)evolução da noção de saneamento ambiental, passando a ser possível sustentar que quem for o titular dos serviços de saneamento será também do conjunto de serviços e não só de um deles.

Depois de longa data de verdadeiros debates e embates quanto à indefinição da titularidade dos serviços de saneamento, notadamente os de abastecimento de água potável e de esgotamento sanitário, coube então ao Supremo Tribunal Federal – STF pacificar esse entendimento, conforme acima restou abordado, oportunidade em que essa decisão foi mais bem abordada.

Remetendo-se ao que acima foi exposto acerca desse ponto, um registro breve deve ser feito acerca da decisão do Supremo Tribunal Federal – STF que, ao julgar a Ação Direta de Inconstitucionalidade nº 1.842, decidiu que o estado-membro que vier a instituir gestão compartilhada (regiões metropolitanas, microrregiões e aglomerados urbanos) para integrar o planejamento, a organização e a prestação dos serviços de saneamento, deve observar e respeitar o fato de que a titularidade desses serviços caberá, ao mesmo tempo, ao estado-membro e aos municípios. Consequentemente, os municípios, que não fazem parte dessas aglutinações municipais, estão investidos na titularidade dos serviços de saneamento básico.

---

[153] ANTUNES, Paulo de Bessa. *Direito ambiental*. 16. ed. São Paulo: Atlas, 2014. p. 1046.
[154] MILARÉ, Édis. *Direito do ambiente*. 8. ed. São Paulo: Revista dos Tribunais, 2013. p. 1082.

2.2 Compartilhamento e associação: o papel indutor dos estados-membros

Sob a perspectiva da Constituição da República Federativa do Brasil de 1988, compartilhamento (ou gestão compartilhada) significa entrosamento compulsório entre entes federados, conforme previsto no §3º, art. 25.[155] Associação (ou gestão associada), por sua vez, se distingue por envolver mecanismo de cooperação voluntária, tendo em vista o fato de que a adesão ao ajuste é facultativa e se manifesta pela autônoma da escolha franqueada ao ente da federação, conforme inserto no art. 241 da Carta Magna.[156]

Essas diretrizes – compartilhamento e associação – são matérias fortes e insistentes na Lei da Política Nacional de Resíduos Sólidos. O compartilhamento, previsto na legislação sob a expressão "compartilhada", aparece 16 (dezesseis) vezes ao longo do texto da norma legal. Em apenas 4 (quatro) oportunidades ela está nitidamente ligada à ideia de soluções consorciadas ou compartilhadas para viabilizar esforços para que se consiga conjuntamente atender aos ditames da legislação.

Nas disposições preliminares das diretrizes aplicáveis aos resíduos sólidos consta que, observadas as diretrizes e demais determinações estabelecidas pela política pública, incumbe aos estados-membros apoiar e priorizar as iniciativas dos municípios de soluções consorciadas ou compartilhadas entre dois ou mais entes federativos municipais (art. 11, *caput* e parágrafo único, da LPNRS).

No instante em que a legislação trata dos planos estaduais de resíduos sólidos, verifica-se que em seu conteúdo mínimo deverão constar medidas para incentivar e viabilizar a gestão consorciada ou compartilhada dos resíduos sólidos (art. 17, inc. VIII, da LPNRS). Soluções consorciadas ou compartilhadas também deverão constar como conteúdo mínimo nos planos municipais de gestão integrada de resíduos sólidos, o que significa priorizar a identificação das possibilidades de implantação de soluções consorciadas ou compartilhadas com

---

[155] Carta Magna, art. 25, §3º – "Os Estados poderão, mediante lei complementar, instituir regiões metropolitanas, aglomerações urbanas e microrregiões, constituídas por agrupamentos de municípios limítrofes, para integrar a organização, o planejamento e a execução de funções públicas de interesse comum".

[156] Carta Magna, art. 241 – "A União, os Estados, o Distrito Federal e os Municípios disciplinarão por meio de lei os consórcios públicos e os convênios de cooperação entre os entes federados, autorizando a gestão associada de serviços públicos, bem como a transferência total ou parcial de encargos, serviços, pessoal e bens essenciais à continuidade dos serviços transferidos".

94 | LAONE LAGO
PLANOS ESTADUAIS DE RESÍDUOS SÓLIDOS – POLÍTICA PÚBLICA, GESTÃO ASSOCIADA E SUSTENTABILIDADE

outros municípios, considerando, nos critérios de economia de escala, a proximidade dos locais estabelecidos e as formas de prevenção dos riscos ambientais (art. 19, inc. III, da LPNRS). Nesta linha, também consta que o plano de gerenciamento de resíduos sólidos deve, em seu conteúdo mínimo, identificar soluções consorciadas ou compartilhadas para com outros geradores (art. 21, inc. IV, da LPNRS).

A ideia de cooperação, especificamente, pode ser encontrada em 5 (cinco) passagens. Sua primeira e marcante manifestação está logo nas disposições gerais do título que trata da Lei da Política Nacional de Resíduos Sólidos. Consta expressa a reunião de um conjunto de princípios, objetivos, instrumentos, diretrizes, metas e ações adotadas pelo Governo Federal, isoladamente ou em regime de cooperação com estados, Distrito Federal, municípios ou particulares, com vistas à gestão integrada e ao gerenciamento ambientalmente adequado dos resíduos sólidos (art. 4º da LPNRS).

A cooperação aparece novamente em campo pertencente aos princípios da Lei da Política Nacional de Resíduos Sólidos, elevando-se ao grau de princípio a cooperação entre as diferentes esferas do Poder Público, do setor empresarial e dos demais segmentos da sociedade (art. 6º, inc. VI, da LPNRS). Entre os seus instrumentos, verifica-se o incentivo à adoção de consórcios ou de outras formas de cooperação entre os entes federados, com vistas à elevação das escalas de aproveitamento e à redução dos custos envolvidos (art. 8º, inc. XVIII, da LPNRS).

Especificamente acerca da gestão compartilhada, o que envolve regiões metropolitanas, aglomerados urbanos e microrregiões, consta na Lei da Política Nacional de Resíduos Sólidos 5 (cinco) passagens. A primeira, logo nas disposições preliminares das diretrizes aplicáveis, atribui ao estado-membro, como não poderia deixar de ser, a incumbência de promover a integração da organização, do planejamento e da execução das funções públicas de interesse comum relacionadas à gestão de resíduos sólidos nas regiões metropolitanas, aglomerados urbanos e microrregiões (art. 11, inc. I, da LPNRS). A legislação também afirma serem planos de resíduos sólidos tanto os planos microrregionais quanto os de regiões metropolitanas ou aglomerados urbanos (art. 14, inc. III, da LPNRS).

Essa concepção de gestão compartilhada também é registrada como conteúdo mínimo para os planos estaduais de resíduos sólidos, devendo neles constar as diretrizes para o planejamento e demais atividades de gestão de resíduos sólidos de regiões metropolitanas, aglomerados urbanos e microrregiões (art. 17, inc. IX, da LPNRS), além da possibilidade de serem elaborados e implementados, também pelos estados-membros, planos microrregionais ou planos específicos às regiões metropolitanas ou às aglutinações urbanas (art. 17, §2º, da LPNRS), obrigatoriamente com a participação dos municípios envolvidos (art. 17, §3º, da LPNRS).

Acerca da gestão associada, fortemente configurada nas chamadas "soluções consorciadas", são verificadas 6 (seis) abordagens, que podem ser destacadas na incumbência do estado-membro em apoiar e priorizar iniciativas municipais envolvendo soluções consorciadas (art. 11, parágrafo único, da LPNRS), no conteúdo mínimo que deve conter o plano estadual de resíduos sólidos (art. 17, inc. VIII, da LPNRS), bem como na priorização dos municípios que optarem por soluções consorciadas aos recursos da União, ou por ela controlados (art. 18, §1º, inc. I, da LPNRS).

Além dessas passagens, a gestão associada (cooperação voluntária) deve ser observada no conteúdo mínimo para o plano municipal de gestão integrada de resíduos sólidos (art. 19, inc. III, da LPNRS), o que resulta na dispensa da elaboração de plano municipal de gestão integrada de resíduos sólidos (art. 19, §9º, da LPNRS), devendo também ser prevista para a identificação de soluções consorciadas como conteúdo mínimo ao plano de gerenciamento de resíduos sólidos (art. 21, inc. IV, da LPNRS).

Acerca da gestão voluntária, pode-se destacar a figura específica dos consórcios públicos. Referido arranjo jurídico regional aparece em 2 (duas) oportunidades claramente postas pela legislação. A primeira está no rol dos instrumentos à disposição da política pública nacional de resíduos sólidos, voltado ao incentivo à adoção de consórcios ou de outras formas de cooperação entre os entes federados, com vistas à elevação das escalas de aproveitamento e à redução dos custos envolvidos (art. 8º, inc. XIX, da LPNRS).

Na segunda oportunidade em que a legislação trata especificamente dos consórcios públicos, esta insere-os também como instrumento, porém desta vez como instrumento econômico. Segundo consta, os consórcios públicos constituídos nos termos da Lei nº 11.107, de 6.4.2005,[157] Lei de Consórcios Públicos, com o objetivo de viabilizar a descentralização e a prestação de serviços públicos que envolvam

---

[157] "Dispõe sobre normas gerais de contratação de consórcios públicos e dá outras providências".

resíduos sólidos, têm prioridade na obtenção dos incentivos instituídos pelo Governo Federal (art. 45 da LPNRS). Trata-se de medida de cunho econômico que objetiva forçar os entes menores tanto para que descentralizem como para que efetivamente prestem os referidos serviços públicos em matéria de resíduos sólidos.

A Tabela 1, que segue, é muito representativa, pois reflete em números a insistência da Lei da Política Nacional de Resíduos Sólidos em matéria de gestão cooperativa entre entes federativos, especialmente os menores, os municípios, o que se materializa seja pela via do entrosamento compulsório (gestão compartilhada via regiões metropolitanas, aglomerados urbanos e microrregiões) seja pela base da cooperação voluntária (gestão associada via convênio de cooperação e consórcio público) – a ênfase, em ambos cenários, é o somatório de esforços –, senão vejamos:

Tabela 1 – Gestão compartilhada e gestão associada na LPNRS

Gestão	Citações na LPNRS
Compartilhada	5
Região metropolitana	5
Aglomerados urbanos	5
Microrregiões	4
Associada	6
Convênio de cooperação	0
Consórcio público	2

Fonte: O autor (2016)

O que se verifica na legislação em comento é uma forte tendência à regionalização – insista-se –, isto é, ao que vem se convencionado chamar de princípio da regionalização. Segundo Wladimir António Ribeiro, trata-se de "efetuar a gestão dos resíduos sólidos em âmbitos territoriais ótimos, mediante instrumentos de cooperação e cooperação federativa".[158] Percebe-se que há um autêntico dever de cooperação ou, quiçá, de associação entre as diferentes esferas envolvidas.

---

[158] RIBEIRO, Wladimir António. Introdução à Lei da Política Nacional de Resíduos Sólidos. In: SAIANI, Carlos César Sandejo; DOURADO, Juscelino; TONETO JÚNIOR. *Resíduos sólidos no Brasil*: oportunidades e desafios da Lei Federal nº 12.305. Barueri: Minha Editora, 2014. p. 146.

Emerge fortalecido o federalismo de cooperação, ou federalismo cooperativo, que adequadamente considerado compreende uma cooperação subsidiária (ao menos em sua linha vertical). Subsidiariedade esta que implica uma "ajuda" do ente maior ao ente menor quanto às tarefas que ele não consegue realizar, ou ao menos não conseguirá realizar de forma eficiente, com as suas próprias forças técnicas ou econômicas, sem que isso implique a perda injustificada das suas competências.[159]

Verifica-se, com tudo o que acima restou pontuado, que a Lei da Política Nacional de Resíduos Sólidos atribuiu aos estados-membros da federação forte papel indutor, incumbindo-os de promover a integração em matéria de gestão compartilhada, além do dever de apoiar e priorizar as iniciativas dos municípios envolvendo tanto soluções compartilhadas quanto, e muito especialmente, soluções consorciadas seja entre dois seja entre mais entes federativos menores. Ademais, verifica-se uma pequena prevalência na Lei da Política Nacional de Resíduos Sólidos pela gestão associada, que possui uma abordagem a mais do que a compartilhada, ainda que o consórcio público, especificamente, não supere as passagens que abordam a região metropolitana, os aglomerados urbanos e as microrregiões.

2.3 Os arranjos jurídicos regionais

Nesta esteira de compartilhamento (entrosamento compulsório) ou de associação (cooperação voluntária), os arranjos regionais de cooperação federativa aparecem como mecanismos de articulação à disposição das unidades federadas, as quais, segundo as suas características político-sociais e urbano-geográficas semelhantes, podem buscar soluções comuns para o enfrentamento de problemas idênticos. Em outras palavras, União, estados, Distrito Federal e municípios atuam, de forma consensual e concertada, para dar respostas conjuntas aos problemas que sozinhos muitas das vezes não seriam capazes de solucionar. Trata-se de uma tendência atual e abrangente envolvendo o fenômeno da cooperação entre entes federativos na prestação, regulação e planejamento de serviços públicos, especialmente no que envolve a Lei da Política Nacional de Resíduos Sólidos.[160]

---

[159] TORRES, Silvia Faber. *O princípio da subsidiariedade no direito público contemporâneo*. Rio de Janeiro: Renovar, 2001.

[160] SOUZA, Rodrigo Pagani de. Cooperação interfederativa na gestão de serviços públicos: o caso dos resíduos sólidos. *Revista Digital de Direito Administrativo*, v. 2, n. 2, p. 441-468, 2015.

Fato é que muitos entes federativos, especialmente os estados-membros, instituíram, e empregaram, em maior ou menor grau, os instrumentos de cooperação federativa para ofertar o devido apoio técnico e/ou financeiro aos seus municípios em prol do aperfeiçoamento da gestão e do gerenciamento dos resíduos sólidos. Não obstante, muitas das vezes são manejados tais arranjos sem fazer uso da melhor técnica de escala institucional de cooperação federativa que exige o caso concreto, inclusive sem observar os *standards* informadores correspondentes, o que, certamente, possibilitaria o emprego desses instrumentos em diferentes níveis e graus de consensualidade, seja pela via da cooperação seja pelo viés da coordenação.[161]

Ainda que o estreitamento e o fortalecimento dos laços entre entes federativos não seja uma realidade recente,[162] a (r)evolução operada sobre o tradicional conceito de saneamento básico, dimensionando-o sobre as fronteiras de um saneamento ambiental, merece ocupar um espaço de destaque neste cenário, isto é, referida guinada desloca-se para além do abastecimento de água potável e esgotamento sanitário para alcançar limpeza urbana e resíduos sólidos, bem como drenagem e manejo das águas pluviais, limpeza e fiscalização preventiva das respectivas redes urbanas.

Não é de menor importância neste quadro o que se pode convencionar chamar de tríade legal do saneamento ambiental – insista-se –, que envolve tanto a Lei nº 11.445, de 5.1.2007, Lei de Diretrizes Nacionais de Saneamento Básico, quanto a Lei nº 12.305, de 2.8.2010, Lei da Política Nacional de Resíduos Sólidos, ambas normativos sob conexão estreita da Lei nº 11.107, de 6.4.2005, Lei de Consórcios Públicos.

Não é por outra razão – reforça-se – que expressão *cooperação* aparece 5 (cinco) vezes ao longo do diploma legal que rege a matéria. Seu primeiro registro está nas disposições gerais, reunindo o conjunto de princípios, objetivos, instrumentos, diretrizes, metas e ações adotadas pela União, isoladamente ou em regime de cooperação, com estados, Distrito Federal, municípios e particulares (art. 4º, da LPNRS).

---

[161] RIO DE JANEIRO (Estado). *Plano Estadual de Resíduos Sólidos do Rio de Janeiro*: relatório síntese – 2013. Disponível em: <http://www.rj.gov.br/web/sea/exibeconteudo?article-id=1941406> Acesso em: 14 fev. 2016.

[162] Apenas para fins de exemplo, a Lei Federal nº 10.257, de 10.7.2001 – Estatuto da Cidade –, diz em seu art. 3º, inc. I, que "compete à União, entre outras atribuições de interesse da política urbana: legislar sobre normas para a cooperação entre a União, os Estados, o Distrito Federal e os Municípios em relação à política urbana, tendo em vista o equilíbrio do desenvolvimento e do bem-estar em âmbito nacional".

Os dois registros seguintes estão no capítulo reservado aos princípios e objetivos, seja para a cooperação entre as diferentes esferas do Poder Público, o setor empresarial e demais segmentos da sociedade (art. 3º, inc. IV, da LPNRS) seja para articulação entre as diferentes esferas do Poder Público, e destas com o setor empresarial (art. 3º, inc. VIII, da LPNRS). Um quarto registro envolve os instrumentos da Lei da Política Nacional de Resíduos Sólidos, estando ela – a cooperação – voltada para o âmbito técnico e financeiro entre os setores público e privado para o desenvolvimento de pesquisas de novos produtos, métodos, processos e tecnologias de gestão, reciclagem, reutilização, tratamento de resíduos e disposição final ambientalmente adequada de rejeitos (art. 8º, inc. VI, da LPNRS). Sua quinta inserção, e talvez a mais importante, aborda o incentivo à adoção de consórcios ou de outras formas de cooperação entre os entes federados, com vistas à elevação das escalas de aproveitamento e à redução dos custos envolvidos (art. 8º, inc. XIX, da LPNRS).

Para um melhor entendimento do tema e, mais do que isso, para uma análise pormenorizada das ações estratégicas para o aperfeiçoamento da cooperação federativa, faz-se necessário repensar o emprego dos instrumentos de cooperação voltados tanto para a gestão quanto para o gerenciamento dos resíduos sólidos. Ainda que se tenha uma leve tendência em se acreditar que, entre os diversos arranjos existentes, o modelo de gestão associada por consórcio público possa configurar a melhor opção (maior força normativa e/ou contratual em matéria de destinação de resíduos sólidos e disposição final ambientalmente adequada de rejeitos), não existe uma única forma de implementar a cooperação federativa, mas sim várias, as quais podem ser expressas pelos principais instrumentos a seguir arrolados: (i) convênio comum; (ii) aglutinações municipais, que compreendem: (a) região metropolitana; (b) microrregião; e (c) aglomerado urbano; e (iii) gestão associada, que se materializa por meio do convênio de cooperação ou do consórcio público.

Vale, aqui, abrir um parêntese para sinalizar que as unidades federadas, de forma consensual e gradual, segundo as suas realidades e necessidades, podem buscar esses tipos de cooperação federativa, indo da forma mais simplificada (o convênio comum) até a mais sofisticada (o consórcio público), para alcançar, de maneira segura e paulatina, o escopo institucional indispensável para gerir os interesses comuns existentes, entre eles, a gestão de serviços públicos em matéria de resíduos sólidos. Para tanto, pode-se adotar a técnica da escala institucional de cooperação federativa da gestão de serviços públicos agregada aos cenários de referência com as vantagens e desvantagens pertinentes.[163]

2.3.1 Convênio comum

É praticamente unânime o entendimento de que o convênio comum envolve ato administrativo complexo em que uma entidade pública acorda com outra, ou mesmo com outras, sejam elas públicas ou privadas, o desempenho conjunto, por cooperação ou colaboração, de uma atividade de competência da primeira,[164] sendo, portanto, um dos instrumentos de que o Poder Público se utiliza para associar-se.[165] Trata-se, por assim dizer, de um pacto administrativo firmado entre unidades federadas do mesmo nível ou de diferentes esferas de Governo ou, ainda, entre estas com pessoas jurídicas de direito privado, que, pela via da cooperação federativa, segundo a consensualidade administrativa, exterioriza a manifestação de vontade dos partícipes em prol do alcance de interesse público comum revestido de caráter "eminentemente administrativo".[166]

O convênio comum encontra suporte legal no art. 116[167] da Lei nº 8.666/93, de 21.6.1993, Lei de Licitações e Contratos Administrativos, assentando-se em uma relação jurídica de convergência de vontades em prol da busca pelo interesse comum, pressupondo, com isso, partícipes com interesses paralelos. Mais que isso, possibilita o transpasse de recursos voluntários de um ente político para o outro, observado o plano de aplicação financeira compatível com o cronograma de trabalho

---

[163] Para uma análise detalhada da aplicação da técnica de escalada institucional de cooperação federativa no âmbito da gestão e do gerenciamento de resíduos sólidos, vale conferir: ARAÚJO, Marcos Paulo Marques. Escala institucional de cooperação federativa na gestão e no gerenciamento de resíduos sólidos. *Revista de Administração Municipal – RAM*, Rio de Janeiro, ano 58, n. 280, p. 46-60, abr./jun. 2012.

[164] MOREIRA NETO, Diogo de Figueiredo. *Curso de direito administrativo*: parte introdutória, parte geral e parte especial. 16. ed. Rio de Janeiro: Forense, 2014.

[165] DI PIETRO, Maria Sylvia Zanella. *Parcerias na Administração Pública*: concessão, permissão, terceirização, parceria público-privada e outras formas. 9. ed. São Paulo: Atlas, 2012. p. 235.

[166] José dos Santos Carvalho Filho também entende que o convênio comum tem a finalidade de formalizar, apenas e tão somente, atividades de cunho eminentemente administrativo, diferenciando-se, assim, do convênio de cooperação que é voltado para gestão de serviços públicos (CARVALHO FILHO, José dos Santos. *Consórcios Públicos* (Lei nº 11.107, de 06.04.2005, Decreto nº 6.017, de 17.01.2001). Rio de Janeiro: Lumen Juris, 2009. p. 157-158).

[167] Lei nº 8.666/93, art. 116 – "Aplicam-se as disposições desta Lei, no que couber, aos convênios, acordos, ajustes e outros instrumentos congêneres celebrados por órgãos e entidades da Administração".

correspondente. O contrato administrativo, por sua vez, e diferentemente do convênio, comporta uma oposição de interesses com partes antagônicas, em que o contratante deseja obter o objeto contratual e o contratado quer a contraprestação, inclusive com o lucro, pelo serviço ofertado.

Em outras palavras, o convênio comum visa alcançar soluções aos entraves administrativos, técnicos, financeiros e jurídicos. Para tanto, poderá incumbir a participação de servidores dos convenentes para a consecução do objetivo conveniando, tendo algumas linhas básicas, quais seriam, (i) objeto; (ii) preceito legal; (iii) prazo de vigência; (iv) alcance obrigacional; e (v) garantias de sua execução, quando exigidas, inclusive quanto à fiscalização e ao controle do cumprimento de seus termos.

Outro ponto de relevo envolve a impossibilidade de o Poder Legislativo se arvorar à condição de autoridade responsável para autorizar a formalização de convênio comum, vez que constitui matéria administrativa encartada, única e exclusivamente, na esfera de competência privativa do Poder Executivo, que detém prerrogativa para fazê-lo sem ratificação legal. Não é por outra razão que o Supremo Tribunal Federal – STF possui entendimento consolidado em prol da inconstitucionalidade da norma legal que submete, previamente, a aprovação dos convênios, dos acordos, dos contratos e demais instrumentos congêneres à deliberação do Legislativo.[168]

Outro exemplo desse entendimento jurisprudencial está no acórdão exarado pelo Pleno do Supremo Tribunal Federal – STF, sob a relatoria do Ministro Sydney Sanches, em que restou afirmado o entendimento no sentido de que a regra que subordina a celebração de acordos ou convênios firmados por órgãos do Poder Executivo à autorização prévia ou ratificação da Assembleia Legislativa fere o princípio da independência e harmonia dos poderes.[169]

2.3.2 Gestão compartilhada: região metropolitana, aglomerado urbano e microrregião

Trata-se de gestão compartilhada, ou, para parte da doutrina, de mecanismo de entrosamento compulsório entre entes federados,[170]

---

[168] STF, Tribunal Pleno. ADI nº 1.865 MC/SC. Rel. Min. Carlos Velloso, j. 4.2.1999. *DJ*, 12.3.1999.

[169] STF, Tribunal Pleno. ADI nº 342/PR. Rel. Min. Sydney Sanches, j. 6.2.2003. *DJ*, 11.4.2003.

[170] SOUZA, Rodrigo Pagani de. Cooperação interfederativa na gestão de serviços públicos: o caso dos resíduos sólidos. *Revista Digital de Direito Administrativo*, v. 2, n. 2, p. 441-468, 2015.

conforme previsto no §3º, art. 25,[171] da Constituição da República Federativa do Brasil de 1988, oportunidade em que o Poder Constituinte incumbiu ao estado-membro da federação competência procedimental para criar, por meio de edição de lei complementar, região metropolitana, aglomerado urbano e microrregião, tendo como finalidade promover a integração da organização, do planejamento e da execução de funções públicas de interesse comum.

Ao esmiuçar o referido dispositivo constitucional, José Afonso da Silva entende que a região metropolitana se constitui de um conjunto de municípios cujas sedes se unem com certa continuidade urbana em torno de um município que pode ser visto, e assim deve ser, como polo. As microrregiões, segue o autor, formam-se de grupo de municípios limítrofes com certa homogeneidade e problemas administrativos comuns, cujas sedes não sejam unidas por continuidade urbana. Os aglomerados urbanos, por sua vez, carecem de conceituação, mas de logo se percebe que se trata de áreas urbanas sem um polo de atração urbana, quer tais áreas sejam das cidades sedes dos municípios, ou não.[172]

O que se pode deduzir é que – insista-se nesses pontos – a região metropolitana representa uma conurbação de cidades, em que os municípios adjacentes se desenvolvem em torno, em razão da importância e envergadura econômica desta última, gerando, assim, uma relação de liame entre o centro e a periferia; o aglomerado urbano também decorre de uma aglutinação das cidades em conurbação, mas há uma igualdade entre elas, que se agrupam por alguma característica regional, industrial ou econômica, simplesmente; a microrregião, por sua vez, surge do agrupamento de cidades, sem haver, porém, a conurbação delas. Todavia, a junção desses municípios tem a sua razão de ser na proximidade geográfica e nos interesses econômico-sociais semelhantes, justificando a adoção de solução integrada para possibilitar a racionalização e a viabilização das estratégias comuns para a região.

Segundo Angela Moulin Penalva Santos, na linha das regiões metropolitanas, a sua criação "é uma estratégia para organizar o

---

[171] Carta Magna, art. 25, §3º – "Os Estados poderão, mediante lei complementar, instituir regiões metropolitanas, aglomerações urbanas e microrregiões, constituídas por agrupamentos de municípios limítrofes, para integrar a organização, o planejamento e a execução de funções públicas de interesse comum".

[172] SILVA, José Afonso da. *Comentário contextual à Constituição.* 4. ed. São Paulo: Malheiros, 2007. p. 290.

território de conturbações, visando a proporcionar-lhes infra-estrutura adequada (urbanística e viária) e controle ambiental". Por se tratar de aglomerados urbanos – segue a autora –, "a gestão do território só pode ter êxito caso seja enfrentada coletivamente pelo grupo de municípios ali situados".[173]

A criação dessas regiões tem o condão de concretizar, apenas e unicamente, uma esfera de planejamento estratégico das funções públicas mencionadas, cujas diretrizes de planejamento poderão ser expedidas por um conselho gestor, órgão administrativo composto pelos municípios e pelo estado com repartição igualitária do poder decisório, na linha do entendimento firmado pelo Supremo Tribunal Federal – STF em sede do julgamento da Ação Direta de Inconstitucionalidade nº 1.842/RJ.[174] A Corte Suprema decidiu que as funções públicas de interesse comum da região metropolitana, do aglomerado urbano e da microrregião estão encartadas na esfera da gestão compartilhada a ser exercida, consensualmente, pelo estado e pelos municípios com repartição igualitária do poder decisório.

A maioria dos ministros do Supremo Tribunal Federal – STF se remeteu à competência do legislador estadual para estabelecer um modelo de governança adequado à realidade regional, exceto os ministros Joaquim Barbosa e Ricardo Lewandowski, que preconizaram conferir personificação para a região metropolitana, o aglomerado urbano e a microrregião como autarquias territoriais sem, porém, *status* de unidades de federação.

Todavia, o Supremo Tribunal Federal – STF chegou a estabelecer algumas diretrizes em prol da modelagem da governança, sem, porém, se comprometer com algum modelo previamente definido, repita-se. Indicou, por sua vez, que se deve buscar a formação de um colegiado interfederativo para a tomada de decisão, a qual deve decorrer de uma deliberação paritária ou proporcional, sendo que, neste último caso, deve-se evitar a preponderância da decisão de um único ente federado com assento no colegiado.

Mais do que isso, o Supremo Tribunal Federal – STF sinalizou que as funções públicas de interesse comum das aglutinações urbanas limítrofes podem vir a ser materializadas pela via da gestão associada concretizada pelos consórcios públicos (art. 241, da Constituição da

---

[173] SANTOS, Angela Moulin S. Penalva. *Município, descentralização e território*. Rio de Janeiro: Forense, 2008. p. 177.

[174] STF, Tribunal Pleno. ADI nº 1.842/RJ. Rel. Min. Maurício Corrêa, j. 6.3.2013. *DJ*, 16.9.2013.

República Federativa do Brasil de 1988) ou, ao revés, por meio de lei complementar estadual segundo a forma definida pelo legislador estadual (art. 25, §3º, da Constituição da República Federativa do Brasil de 1988).

Com isso, é certo que a criação dessas aglutinações urbanas tem o condão de concretizar uma esfera estratégica deliberativa para tratar dos rumos das funções públicas de interesse comum, cujas diretrizes podem, e devem, advir de um conselho gestor metropolitano composto pelos municípios e pelo estado com a devida repartição igualitária do poder decisório.

Entretanto, a criação, pura e simples, do conselho gestor dessas aglutinações urbanas não chega a ensejar a instituição de uma pessoa jurídica dotada de personalidade jurídica própria, vez que ele, o conselho gestor, é dotado de natureza jurídica de órgão administrativo, o que, porém, vai de encontro aos votos dos ministros Joaquim Barbosa e Ricardo Lewandowski. Daí, faz-se necessário atribuir a uma entidade executora, dotada de personalidade jurídica própria, competência para executar as decisões emanadas do conselho gestor metropolitano. Esta entidade executora pode ter o seu papel desempenhado por um consórcio público ou, ao revés, assumir outra forma de entidade institucional sinalizada pelo legislador estadual, segundo indicado pelo próprio Supremo Tribunal Federal – STF.

2.3.3 Gestão associada: convênio de cooperação e consórcio público

A gestão associada se distingue da compartilhada (de entrosamento compulsório) por envolver mecanismo de cooperação voluntária, tendo em vista o fato de que a adesão ao ajuste é atividade facultativa e se manifesta pela autônoma da escolha franqueada ao ente da federação, que poderá, ou não, decidir por celebrar ou não instrumento de cooperação com outro (consórcio ou convênio). Seu amparo legal está no art. 241,[175] da Constituição da República Federativa do Brasil de 1988, o qual teve a sua eficácia integrada pela Lei nº 11.107, de 6.4.2005,

---

[175] Carta Magna, art. 241 – "A União, os Estados, o Distrito Federal e os Municípios disciplinarão por meio de lei os consórcios públicos e os convênios de cooperação entre os entes federados, autorizando a gestão associada de serviços públicos, bem como a transferência total ou parcial de encargos, serviços, pessoal e bens essenciais à continuidade dos serviços transferidos".

Lei dos Consórcios Públicos. Trata-se, portanto, de forma de cooperação federativa, de cunho consensual, concretizada pela via do convênio de cooperação ou, então, do consórcio público.

Trata-se, segundo Angela Moulin Penalva Santos, de "importante inovação institucional, que permitirá que os municípios se organizem em arranjos territoriais para dar escala mínima a serviços públicos", bem como para que "os municípios definam suas prioridades e se organizem em novos recortes territoriais, que se constituirão em novos atores políticos (os consórcios), ainda que não sejam entes federativos.[176]

Ainda que seja possível, sob o ponto de vista doutrinário, a defesa de que as unidades da Federação não estão obrigadas a se consorciarem sob as regras postas, pois são elas constitucionalmente autônomas, recomenda-se atenção aos regramentos existentes. Nesta linha, segundo Diogo de Figueiredo Moreira Neto, o consórcio, ou consórcio público, "é o ato administrativo complexo em que *uma entidade pública* acorda com *outra* ou com *outras entidades públicas da mesma natureza* o desempenho conjunto, por cooperação, de uma atividade cuja competência lhes é comum".[177]

Fato é que muitas são as discussões envolvendo a temática dos consórcios públicos. Maria Sylvia Zanella Di Pietro chega a afirmar que "a lei é, sob todos os aspectos, lamentável e não deveria ter sido promulgada nos termos em que foi".[178] Existem posições positivas, é claro. Diogo de Figueiredo Moreira Neto, por exemplo, defende uma melhor e maior atenção ao assunto no cenário brasileiro, especialmente pelo fato de ser tal matéria fortemente aplicada e ter obtido bons resultados na Europa, local em que "os consórcios têm florescido e encontrado êxito".[179]

O ato normativo que regulamentou a Lei nº 11.107, de 6.4.2005, Lei dos Consórcios Públicos, o Decreto nº 6.017, de 17.1.2007 fez constar em seu inc. VIII, do art. 2º, definição de convênio de cooperação como o pacto firmado exclusivamente por entes da Federação, com o objetivo de autorizar a gestão associada de serviços públicos, desde que ratificado

---

[176] SANTOS, Angela Moulin S. Penalva. *Município, descentralização e território*. Rio de Janeiro: Forense, 2008. p. 176.

[177] MOREIRA NETO, Diogo de Figueiredo. *Curso de direito administrativo*: parte introdutória, parte geral e parte especial. 16. ed. Rio de Janeiro: Forense, 2014. p. 211.

[178] DI PIETRO, Maria Sylvia Zanella. *Parcerias na Administração Pública*: concessão, permissão, terceirização, parceria público-privada e outras formas. 9. ed. São Paulo: Atlas, 2012. p. 243.

[179] MOREIRA NETO, Diogo de Figueiredo. *Curso de direito administrativo*: parte introdutória, parte geral e parte especial. 16. ed. Rio de Janeiro: Forense, 2014. p. 211.

ou previamente disciplinado por lei editada por cada um dos referidos entes federados.[180] Trata-se, assim, de acordo administrativo que concretiza a relação jurídica entre os entes políticos com a definição das prerrogativas e deveres para buscar a convergência de interesses em prol da gestão de serviço público propriamente dito, sem, porém, acarretar a formação de nova pessoa jurídica.

Objetivamente, percebe-se que convênio de cooperação não se confunde com convênio comum. Enquanto o primeiro tem por objeto a gestão de serviço público propriamente dito, com ratificação legal, este é destinado ao alcance de interesse público comum de caráter meramente administrativo para viabilizar o transpasse de recursos entre os convenentes, observado tanto o plano financeiro compatível quanto o cronograma de trabalho correspondente.

O inc. I, do art. 2º, também do Decreto nº 6.017, de 17.1.2007, por sua vez, conceitua o consórcio público como pessoa jurídica formada exclusivamente por entes da Federação, na forma da Lei nº 11.107, de 6.4.2005, Lei de Consórcios Públicos, para estabelecer relações de cooperação federativa, inclusive a realização de objetivos de interesse comum, constituída como associação pública, com personalidade jurídica de direito público e natureza autárquica, ou como pessoa jurídica de direito privado sem fins econômicos.

Logo, o consórcio público, formalizado mediante contrato de consórcio público (leia-se, contrato administrativo dotado de natureza plurilateral firmado por mais de duas unidades da Federação), enseja a formação de uma nova pessoa jurídica integrada à estrutura administrativa dos entes consorciados. Sob tal ótica, detêm competência para, em nome próprio, desempenhar prerrogativas e assumir deveres para alcançar os objetivos de interesse comum, nos termos para os quais foi criado e constituído.

Segundo Maria Sylvia Zanella Di Pietro, a Lei nº 11.107, de 6.4.2005, Lei de Consórcios Públicos, na realidade, não trata necessariamente da contratação de consórcios como preceitua, trata-se, sim, "de constituição de pessoa jurídica, o que se dá por meio de todo um procedimento, que abrange várias fases".[181]

---

[180] Decreto nº 6.017, de 17.1.2007, art. 2º, inc. VIII – "convênio de cooperação entre entes federados: pacto firmado exclusivamente por entes da Federação, com o objetivo de autorizar a gestão associada de serviços públicos, desde que ratificado ou previamente disciplinado por lei editada por cada um deles".

[181] DI PIETRO, Maria Sylvia Zanella. *Parcerias na Administração Pública*: concessão, permissão, terceirização, parceria público-privada e outras formas. 9. ed. São Paulo: Atlas, 2012. p. 245.

Justamente em razão da pretendida (ao menos sob a ótica legal) natureza contratual do consórcio público é que se garante uma maior segurança jurídica nessa relação de cooperação federativa travada entre os entes consorciados, os quais poderão cobrar um dos outros, inclusive em sede judicial, o seu cumprimento. Fato é que o consórcio público, que goza de personalidade jurídica de direito público, integrará a Administração Pública indireta de todos os entes da Federação consorciados,[182] constituindo associação. Esta associação pode ser considerada uma autarquia interfederativa, vez que, além de ser equiparada a uma autarquia, integra a Administração Pública indireta de todas as esferas de Governo.

Já o consórcio público de direito privado, personificado na forma de associação civil sem fins lucrativos, será regido por regime jurídico híbrido, isto é, será norteado, de um lado, por normas privatistas e, de outro, por regras publicistas, especialmente aquelas relativas à licitação, aos contratos administrativos, à prestação de contas e à admissão de pessoal.[183]

Mesmo diante de divergências, sempre construtivas, percebe-se que a Lei da Política Nacional de Resíduos Sólidos voltou seus olhares também para o consórcio público, ainda que não tenha desprezado as outras formatações disponíveis (regiões metropolitanas, aglomerados urbanos e microrregiões). Verifica-se, com isso, que o estado-membro foi legalmente alçado ao papel indutor de uma política pública de regionalização fortemente embasada em arranjos jurídicos de cooperação entre entes federativos.

---

[182] Lei nº 11.107, de 6.4.2005, art. 6º, inc. I – "O consórcio público adquirirá personalidade jurídica: de direito público, no caso de constituir associação pública, mediante a vigência das leis de ratificação do protocolo de intenções".

[183] Lei nº 11.107, de 6.4.2005, art. 6º, inc. II – "O consórcio público adquirirá personalidade jurídica: de direito privado, mediante o atendimento dos requisitos da legislação civil".

CAPÍTULO 3

OS PLANOS ESTADUAIS DE RESÍDUOS SÓLIDOS SOB A PERSPECTIVA DA GESTÃO E DA SUSTENTABILIDADE ECONÔMICO-FINANCEIRA

3.1 A sustentabilidade econômico-financeira do sistema de resíduos sólidos

3.1.1 O custo dos direitos

Thomas Humprey Marshall, em obra clássica, constatou que em muitos países do Ocidente a cidadania moderna se constituiu por etapas, as quais seriam (i) a civil, que se formou no século XVIII e envolve direitos inerentes às liberdades (individual, de expressão e de pensamento), bem como o direito de propriedade, por exemplo, (ii) a política, forjada no século XIX, envolvendo o direito de participação no exercício do poder político, como, por exemplo, o de eleger seus representantes e, inclusive, o de ser eleito, e, ainda, (iii) a social, que data do século XX e trata de um conjunto de direitos relativos ao bem-estar econômico e social, albergando desde a segurança até o direito de partilhar um adequado nível de vida.[184]

No Brasil, segundo José Murilo de Carvalho, deu-se uma lógica inversa. Primeiro, vieram os direitos sociais, implantados em período de supressão dos direitos políticos e de redução dos direitos civis (período Vargas). Depois, vieram os direitos políticos com a expansão do voto que se deu em outro período ditatorial, momento em que os

---

[184] MARSHALL, Thomas Humprey. *Cidadania, classe social e status*. Rio de Janeiro: Zahar, 1967.

órgãos de repressão política foram transformados em peça decorativa do regime militar. Percebe-se, com isso, um movimento que se operou de forma pendular.[185]

Voltando-se para a efetivação dos direitos, uma das obras mais destacadas envolvendo o estudo dos direitos sob a perspectiva econômico-financeiro é o trabalho escrito por Stephen Holmes e Cass Sunstein, *Os custos dos direitos: por que a liberdade depende dos tributos*.[186] Pode-se dizer que nesta obra os autores sustentam que os "direitos são serviços públicos que o Governo presta em troca de tributos"[187] (resumidamente, para que um serviço seja prestado deve existir como contrapartida um valor – ou um percentual sobre ele – a ser pago pela sociedade em favor do Estado, o que normalmente ocorre via arrecadação de tributos e/ou contribuições).

Logo na introdução do referido trabalho, percebe-se que o objetivo central dos autores é demonstrar que existe uma convergência entre titularidade e fruição de direitos. Ato seguinte, os autores sustentam que a proteção dos direitos está diretamente relacionada com a necessidade de o Estado ter recursos para isso, o que possibilita garanti-los. Essa reflexão leva ao estágio seguinte da obra, que pode ser sintetizada como a impossibilidade de os direitos serem absolutos. Adiante, verifica-se a defesa de que os direitos demandam responsabilidades. Uma das últimas partes da obra em comento visa abordar a natureza pública das liberdades. Por fim, em um apêndice, os autores trazem indicativos dos custos de alguns direitos nos Estados Unidos.

Depois de abordarem um caso concreto e paradigmático ocorrido em 1995 no estado de Nova Iorque – incêndio que demandou a intervenção do Poder Público e teria custado aos cofres administrativos aproximadamente US$3 milhões –, os autores observam que no ano seguinte (1996) os contribuintes norte-americanos teriam tido um gasto de mais de US$11 milhões para proteção da propriedade privada, seja diretamente pelo Governo (repasse direto para pessoas atingidas por alguma espécie de calamidade) seja indiretamente (pagamento de seguros ou de benefícios fiscais concedidos).[188]

---

[185] CARVALHO, José Murilo de. *Cidadania no Brasil:* o longo caminho. Rio de Janeiro: Civilização Brasileira, 2002.

[186] HOLMES, Stephen; SUNSTEIN, *Cass. The cost of rights:* why liberty depends on taxes. New York/London: W. M. Norton, 1999.

[187] HOLMES, Stephen; SUNSTEIN, *Cass. The cost of rights:* why liberty depends on taxes. New York/London: W. M. Norton, 1999. p. 13.

[188] HOLMES, Stephen; SUNSTEIN, *Cass. The cost of rights:* why liberty depends on taxes. New York/London: W. M. Norton, 1999. p. 13.

OS PLANOS ESTADUAIS DE RESÍDUOS SÓLIDOS SOB A PERSPECTIVA DA GESTÃO E DA SUSTENTABILIDADE...

Defendem os autores que "os direitos custam dinheiro" e, portanto, a sua existência estaria condicionada à possibilidade de serem eles passíveis de proteção, o que demanda recursos públicos e/ ou privados.[189] Em outras palavras, um interesse apenas poderia ser "qualificado como um direito quando um sistema jurídico efetivo o reconhece como tal, mediante o uso de recursos coletivos para defendê-lo"[190] ou, ainda, que o direito existiria somente quando fosse possível que os seus custos orçamentários fossem absorvidos e compreendidos em planos ou políticas que tenham como objetivo a sua consolidação.

Outro ponto que os autores trazem à baila é a velha e (supostamente) consolidada dicotomia entre direitos negativos e direitos a prestações positivas. Enquanto os primeiros serviriam para proteger as pessoas de uma atividade estatal, os segundos, em sentido contrário, exigiriam atuação ostensiva e intensiva do Estado em favor da pretensão do cidadão. Segmentação esta que não procede, pois – como insistem os autores – falar em direitos significa tratar da necessidade de prestações positivas, ainda que se esteja falando dos estágios mais iniciais de construção da cidadania.

Portanto, a cidadania, seja ela por etapas seja ela pendular, foi a pedra de toque histórica para a concretização de direitos, o que fez emergir gerações (ou dimensões) focadas, por um lado, em conter posturas desnecessárias advindas do Estado e, por outro, voltadas a exigir que o poder estatal saísse de sua inércia negativa e alcançasse o campo positivo da efetivação dos direitos. Em outras palavras, a reconstrução dos direitos decorrentes das transformações que estão passando os direitos fundamentais e seu modo de realização pelos poderes públicos ensejam um olhar no sentido de que todas as gerações (ou dimensões) demandam tanto uma contenção do Estado (ótica negativa) quanto um agir (ótica positiva).[191]

Fato é que a efetividade dos direitos historicamente conquistados possui um custo, economicamente falando. Essa relação não é diferente quando a discussão envolve saneamento básico, ou, sob sua vertente mais ampliada, saneamento ambiental, mais especificamente uma de suas ramificações que são os resíduos sólidos. Enfim, observar o ciclo

---

[189] HOLMES, Stephen; SUNSTEIN, Cass. *The cost of rights:* why liberty depends on taxes. New York/London: W. M. Norton, 1999. p. 16.

[190] HOLMES, Stephen; SUNSTEIN, Cass. *The cost of rights:* why liberty depends on taxes. New York/London: W. M. Norton, 1999. p. 17.

[191] HOLMES, Stephen; SUNSTEIN, Cass. *The cost of rights:* why liberty depends on taxes. New York/London: W. M. Norton, 1999. p. 48.

112 | LAONE LAGO
PLANOS ESTADUAIS DE RESÍDUOS SÓLIDOS – POLÍTICA PÚBLICA, GESTÃO ASSOCIADA E SUSTENTABILIDADE

de vida de um produto, o que significa falar de uma série de etapas envolvendo desde o desenvolvimento até a obtenção de matérias-primas e insumos, além do processo produtivo, do consumo e, especialmente, a destinação e a disposição final ambientalmente adequada, não é uma tarefa simples, quiçá simplória, exigindo tanto recursos técnicos quanto econômico-financeiros.

Sem embrago de outras posições sobre o custo dos direitos, que podem ser econômicos, como visto, ou sociais, na questão do saneamento ambiental, por exemplo, a tese se aplica, uma vez que alguém deve assumir o ônus de pagar essa conta, pois um interesse (adequado tratamento aos resíduos sólidos) apenas poderá ser visto como um direito quando o sistema jurídico o reconhecer como tal (o que já ocorre expressamente por meio da Lei da Política Nacional de Resíduos Sólidos), o que demandará o uso de recursos para defendê-lo, efetivá-lo (meios de tornar a política pública de resíduos sólidos viável e sustentável), sob pena de estar previsto e não ser possível a sua implantação, quiçá possíveis melhorias que possam vir a ser reivindicadas. Enfim, o manejo de resíduos sólidos possui um custo, que pode ser arcado de forma coletiva ou, na medida do possível, individualizado.

3.1.2 A sustentabilidade do sistema, segundo legislação aplicável

A efetivação de todo e qualquer direito exige recursos financeiros, pois seu exercício enseja determinado custo. Não é por outra razão que um dos objetivos da Lei da Política Nacional de Resíduos Sólidos está em ser ela regular, contínua, funcional e universal quando o assunto envolve o manejo de resíduos sólidos, o que ocorrerá por meio da adoção de mecanismos gerenciais e econômicos que tenham como objetivo assegurar a recuperação dos custos dos serviços prestados. Trata-se de mecanismo essencial para que se consiga garantir a sustentabilidade operacional e financeira do sistema (art. 7º, inc. X, da LPNRS), sob pena de se estar diante de um colapso real e iminente.

Referida sustentabilidade possui relação legal e fática direta com a Lei de Diretrizes Nacionais de Saneamento Básico seja pela indicação do normativo seja pela visão atual de saneamento ambiental. O que se quer dizer é que os serviços públicos de saneamento terão a sustentabilidade econômico-financeira assegurada, sempre que possível, mediante remuneração pela cobrança dos serviços de manejo de resíduos sólidos, no caso, o que poderá ocorrer via instituição de taxas ou tarifas ou, ainda, de outros preços públicos, sempre em conformidade com o regime de prestação do serviço ou de suas atividades (art. 29, inc. II, da LDNSB).

É nesta linha também que a sustentabilidade voltada para o sistema de saneamento, ou mesmo a sua vertente focada na autossustentação, aparece em 6 (seis) passagens do texto legal, destacando-se, primeiramente, como um princípio (art. 2º, inc. VII, da LDNSB), depois como aspecto econômico e social, para então alcançar a promoção de alternativas de gestão econômica e financeiramente viáveis aos serviços de saneamento, com ênfase na cooperação federativa (art. 49, inc. VII, da LDNSB). Fato é que, para que o sistema de manejo de resíduos sólidos exista – um direto conquistado, obviamente –, será necessário que os seus custos sejam absorvidos pelos planos de resíduos sólidos, tendo como objetivo real a sua consolidação.

3.1.3 Alguns caminhos para viabilizar e conferir sustentabilidade ao sistema de manejo de resíduos sólidos

Tornar o sistema de resíduos sólidos viável e sustentável é questão essencial para que esses direitos historicamente conquistados pela sociedade sejam devidamente efetivados, ainda mais quando se está falando em saneamento ambiental, tema mais amplo e complexo. É justamente em razão da responsabilidade na gestão econômico-financeira que se faz necessária a previsão, a instituição, e a efetiva arrecadação da contraprestação independentemente de ser ela taxa, tarifa ou preço público. Com efeito, se o titular dos serviços instituir a contraprestação dos serviços como receita do seu orçamento para a gestão desses serviços, é certo que deverá buscar a sua efetiva arrecadação, a fim de estabelecer a sustentabilidade do sistema.

Ainda que muitas sejam as discussões acerca da possibilidade de os serviços de saneamento ambiental serem remunerados por taxa, tarifa ou preço público, segundo o seu regime jurídico de execução, exceto nos casos em que esses serviços possuírem natureza jurídica não específica e indivisível dotada de caráter universal, quando, então, os recursos públicos necessários para fazer frente a essas despesas deverão advir dos cofres públicos, poucos são os debates envolvendo resíduos sólidos. O que se percebe é que existe certa convergência no sentido de que podem eles – taxa, tarifa ou preço público –, de uma forma ou de outra, ser de extrema relevância em se tratando de viabilidade e sustentabilidade do sistema de manejo de resíduos sólidos. Especificamente, pode-se dizer que a taxa – pontue-se –, segundo o disposto no art. 145, inc. II, da Constituição da República Federativa do Brasil de 1988, poderá ser instituída pela União, estados, Distrito Federal e municípios, em razão (i) do exercício do poder de polícia ou (ii) da utilização efetiva ou potencial de serviços públicos específicos e divisíveis prestados ao contribuinte ou postos à sua disposição.

Segundo Ricardo Lobo Torres,[192] três são os "requisitos essenciais, sem os quais não se configura a taxa pela prestação do serviço", o que o autor detalha como sendo "a utilização efetiva ou policial do serviço; a especificidade ou a divisibilidade da prestação; a efetividade ou a disponibilidade do serviço".

Também é possível se extrair do dispositivo constitucional que a instituição de uma taxa corresponde sempre a uma prestação estatal diretamente dirigida ao contribuinte: tributo vinculado. Nos dizeres de Roque Antonio Carrazza,[193] as "taxas são tributos que têm por hipótese de incidência uma atuação estatal diretamente referida ao contribuinte". Para o autor, referida "atuação estatal – consoante reza o art. 145, II, da CF (que traça a regra-matriz das taxas) – pode consistir ou num serviço público, ou num ato de polícia".

Logo, a taxa pode ser traduzida em uma contraprestação paga ao Poder Público em razão da limitação de direitos e liberdades subjetivas (taxa de polícia), ou da prestação de um serviço público específico e divisível (taxa de serviço), não sendo, porém, possível ao Estado obter lucro com a sua cobrança. Deve, por sua vez, apenas repor seus cofres pelos gastos advindos com as atuações estatais dirigidas ao contribuinte.

A tarifa – esclareça-se – sob outra banda, está prevista no art. 175, parágrafo único, inc. III, da Constituição da República Federativa do Brasil de 1988, e pode ser traduzida no fato de que concessionárias e permissionárias de serviços públicos poderão cobrar tarifas para explorar economicamente o serviço público a elas delegados pelo Estado. Em outras palavras, trata-se de cobrança feita por particulares no desempenho de atividades originalmente conferidas ao Estado, as quais, porém, foram delegadas a determinado particular – atividade

---

[192] TORRES, Ricardo Lobo. *Curso de direito financeiro e tributário*. 16. ed. Rio de Janeiro: Renovar, 2009. p. 403.

[193] CARRAZZA, Roque Antonio. *Curso de direito constitucional tributário*. 19. ed. São Paulo: Malheiros, 2003. p. 486.

pública prestada por particulares. Nesta esfera há lucro, pois, como não poderia deixar de ser, então, e a toda evidência, não estamos a tratar de taxa, tão pouco de qualquer outro tributo, o que enseja a existência de tarifa.

Nas palavras de Celso Antônio Bandeira de Mello,[194] "para o concessionário, a prestação do serviço é um meio através do qual obtém o fim que almeja: o lucro". Para o Estado, reversamente, diz o autor, "o lucro que propicia ao concessionário é meio por cuja via busca sua finalidade, que é a boa prestação do serviço".

Por fim, preço público – pontue-se – é o valor cobrado pela prestação de uma atividade econômica em sentido amplo, mas dotada de forte interesse público, em que o Estado, o Poder Público, na qualidade de agente econômico, promove a sua execução em regime de mercado mediante a devida contraprestação segundo precificação estabelecida em regulamento.[195] Nesse sentido, o preço público não tem natureza tributária, mas, sim, contratual, vez que constitui uma receita originária e facultativa oriunda da contraprestação da execução de uma atividade econômica revestida de interesse público que é desempenhada pelo Estado.[196]

Nesta toada, registre-se que o Supremo Tribunal Federal – STF elaborou a Súmula nº 545 para justamente diferenciar taxas e preços públicos, restando, então, consignado que "preços de serviços públicos e taxas não se confundem, porque estas, diferentemente daquelas, são compulsórias e têm sua cobrança condicionada à autorização orçamentária, em relação à lei que as instituiu".

O Quadro 1, a seguir, apresenta, de forma sintética, a distinção até aqui apresentada acerca da taxa, da tarifa e do preço público, elementos essências e que permeiam as bases de toda e qualquer reflexão envolvendo viabilidade e sustentabilidade econômico-financeira do sistema de manejo de resíduos sólidos.

---

[194] BANDEIRA DE MELLO, Celso Antônio. *Curso de direito administrativo*. 18. ed. São Paulo: Malheiros, 2005. p. 641-642.

[195] Para alguns autores, "o preço público deve se transformar em taxa, no momento em que as condições principalmente legais tornarem a contratação do ente estatal ou seu delegatário como única escolha, logo não haverá economia de mercado para dar opções para o particular, necessitando o direito protegê-lo dos abusos do monopólio público" (BALEEIRO, Aliomar. *Uma introdução às ciências das finanças*. 14. ed. Rio de Janeiro: Forense, 1987. p. 119-127).

[196] PAUSEN, Leandro. *Direito tributário*: constituição e código tributário à luz da doutrina e da jurisprudência. 3. ed. Porto Alegre: Livraria do Advogado, 2001. p. 43.

LAONE LAGO
PLANOS ESTADUAIS DE RESÍDUOS SÓLIDOS – POLÍTICA PÚBLICA, GESTÃO ASSOCIADA E SUSTENTABILIDADE

Quadro 1 – A sustentabilidade econômico-financeira do sistema

Tributo	Dimensão
Taxa	Trata-se de uma contraprestação paga ao Estado em razão da limitação de direitos e liberdades subjetivas (taxa de polícia) ou da prestação de serviço público específico e divisível (taxa de serviço), não sendo possível ao Estado obter lucro com a sua cobrança, mas apenas e unicamente repor em seus cofres os gastos advindos com as atuações estatais dirigidas ao contribuinte.
Tarifa	Tarifa é o preço, e não o tributo, cobrado por concessionário ou permissionário, que, mediante delegação contratual promovida pelo Estado, explore coisa pública; o que lhe ensejará a obtenção de lucro, sujeito, porém, ao controle estatal na fixação dos valores.
Preço público	Trata-se do valor cobrado pela prestação de uma atividade econômica em sentido amplo, mas dotada de forte interesse público, em que o Estado, na qualidade de agente econômico, promove a sua execução em regime de mercado mediante a devida contraprestação segundo precificação estabelecida em regulamento.

Fonte: O autor (2016)

Nesse sentido, o gestor público que for omisso em promover a arrecadação dos recursos originários da contraprestação dos serviços poderá ter a sua conduta omissiva, seja por dolo seja por culpa, enquadrada como ato de improbidade administrativa por causar perda patrimonial ao Poder Público, notadamente pela negligência em realizar a devida arrecadação correspondente.[197]

Nesta perspectiva, o serviço de manejo de resíduos sólidos – insista-se – poderá ser remunerado por taxa, tarifa ou preço público, segundo o seu regime de execução.[198] Justamente por isso, o Supremo Tribunal Federal – STF, no julgamento do Recurso Especial nº 576.321-RG-QO/SP,[199] com repercussão geral da matéria, ratificou seu posicionamento no sentido de que são específicos e divisíveis os serviços de coleta, remoção e tratamento ou destinação de lixo ou resíduos provenientes de imóveis – em outras palavras, manejo de resíduos sólidos públicos e domiciliares –, desde que tais atividades

---

[197] Lei nº 8.429, de 2.6.1992, art. 10, inc. X.

[198] STF, Primeira Turma. Agravo Regimental no Agravo de Instrumento nº 460.195/MG. Rel. Min. Carlos Britto, j. 16.8.2005. *DJ*, 9.12.2005.

[199] STF, Plenário. Repercussão Geral na Questão de Ordem no Recurso Extraordinário nº 576.321/SP. Rel. Min. Ricardo Lewandowski, j. 4.12.2008. *DJ*, 13.2.2009.

sejam completamente dissociadas de outros serviços públicos de limpeza realizados em benefício da população em geral (*uti universi*) e de forma indivisível, tais como os de conservação e limpeza de logradouros e bens públicos.

Cumpre ressaltar que em razão do referido julgamento, o Supremo Tribunal Federal – STF aprovou a Súmula Vinculante nº 19, isto é, "a taxa cobrada exclusivamente em razão dos serviços públicos de coleta, remoção e tratamento ou destinação de lixo ou resíduos provenientes de imóveis, não viola o art. 145, II, da Constituição Federal".

Além disso, no que diz respeito ao argumento da utilização de base de cálculo própria de impostos, ainda no julgado citado, o Supremo Tribunal Federal – STF manteve entendimento pela constitucionalidade de taxas que, na apuração do montante devido, adotarem um ou mais dos elementos que compõem a base de cálculo própria de determinado imposto, desde que não se verifique identidade integral entre uma base e a outra. Entendimento este que se encontra sumulado, conforme Súmula Vinculante nº 29, ou seja, "é constitucional a adoção, no cálculo do valor de taxa, de um ou mais elementos da base de cálculo própria de determinado imposto, desde que não haja integral identidade entre uma base e outra".

A contraprestação do serviço de manejo de resíduos sólidos, além de ter que levar em consideração a destinação e a disposição final ambientalmente adequadas, poderá se basear em um, dois ou em todos os seguintes critérios: (i) nível de renda da população da área atendida; (ii) característica dos lotes urbanos e das áreas que podem ser neles edificadas; e/ou (iii) peso ou volume médio coletado por habitante ou por domicílio.

Vale ressaltar, ainda, que os geradores de resíduos sólidos que forem responsáveis pela elaboração dos seus planos de gerenciamento deverão assumir a responsabilidade pela consecução seja de forma direta seja por meio de contratação de terceiros para coleta, transporte, transbordo, tratamento e destinação e disposição final ambientalmente adequadas. Todavia, se, porventura, os geradores de resíduos sólidos vierem a contratar e, por conseguinte, usufruir dos serviços prestados pelos entes federativos municípios, deverão arcar com a devida contraprestação.

A contraprestação referida pode ser considerada preço público, vez que o ente federativo, na qualidade de agente econômico, vem assumir serviços de resíduos sólidos, que, em última análise, não são serviços públicos propriamente ditos, mas, sim, serviços compartidos, que adentram ao mesmo tempo na seara pública e na seara privada, e seguem executados sob um regime de mercado, mas podem, e devem ser submetidos à forte regulação estatal. Mais do que isso, esses serviços estão encartados na competência do gerador desses resíduos, só podendo serem assumidos pelo Poder Público diante da comprovada incapacidade técnica e econômica dos geradores.

Portanto, o saneamento ambiental é uma realidade e, por conseguinte, o sistema de manejo de resíduos sólidos que envolve um dos seus modais é um processo fortemente em construção que demanda a consolidação de direitos, ensejando, por óbvio, custos. Referidos recursos devem ser equacionados, o que significa dizer que tanto poderão ocorrer via taxa, tarifa ou preço público em face de contrapartida à atividade desempenhada, seja direta ou indiretamente pelo Estado, seja diretamente por particulares, segundo regras estabelecidas pelo Poder Público.

3.2 Os planos estaduais sob a perspectiva da gestão (compartilhada e associada) e da sustentabilidade (taxa, tarifa e preço público)

Nos termos estabelecidos pela Lei da Política Nacional de Resíduos Sólidos, incumbe aos estados-membros desempenhar papel de liderança, o que torna os planos estaduais de resíduos sólidos essenciais quando o assunto envolve organização e diretrizes gerais de gestão voltada especialmente aos entes federativos menores, os municípios. Ademais, também incumbe aos estados-membros apoiar e priorizar as iniciativas dos municípios, sempre primando por soluções consorciadas ou compartilhadas (art. 11, parágrafo único, da LPNRS), bem como incentivar a adoção de consórcios públicos ou de outras formas de cooperação, com vistas à elevação das escalas de aproveitamento e à redução dos custos envolvidos (art. 8º, inc. XIX, da LPNRS).

Nesta perspectiva, verifica-se que a União, nos termos da Lei da Política Nacional de Resíduos Sólidos, vem celebrando com os estados-membros convênios para fins de elaboração dos planos estaduais seja por meio da disponibilização de recursos financeiros seja via orientações metodológicas. Um exemplo desse movimento é o estado do Paraná, que, por meio da Secretaria de Estado do Meio Ambiente e Recursos Hídricos, firmou com o Ministério do Meio Ambiente – MMA o Convênio nº 12/2009, tendo como objeto a elaboração da Regionalização da Gestão de Resíduos Sólidos Urbanos do Estado do Paraná e do Plano de Gestão Integrada e Associada de Resíduos Sólidos Urbanos do Estado do Paraná.[200] Deste movimento liderado pelo ente federativo maior, a União, pode-se verificar, conforme consta no Quadro 2 a seguir, na página eletrônica do Ministério do Meio Ambiente – MMA,[201] que, na data da pesquisa (28.2.2016), 11 (onze) estados-membros já haviam elaborado seus planos estaduais de resíduos sólidos, outros 11 (onze) estão em processo de elaboração, enquanto não há nenhuma informação acerca de outros 4 (quatro), restando um último que não está com o seu (possível) plano corretamente disponibilizado, ainda que a página do Ministério sinalize positivamente, informação que não foi contornada mesmo após consulta direta ao portal do Governo do Estado do Piauí.[202]

Quadro 2 – Os planos estaduais de resíduos sólidos segundo o MMA

	Elaborado	Em elaboração	Sem informação	Erro na informação
Estado-membro	Acre Maranhão Pará Paraná Pernambuco Rio de Janeiro Rio Grande do Norte Rio Grande do Sul Santa Catarina São Paulo Sergipe	Alagoas Amazonas Bahia Ceará Espírito Santo Goiás Mato Grosso Mato Grosso do Sul Minas Gerais Rondônia Tocantins	Amapá Distrito Federal Paraíba Roraima	Piauí

Fonte: O autor (2016)

Tendo a pesquisa por objetivo verificar o tratamento conferido pelos planos estaduais de resíduos sólidos aos arranjos jurídicos de gestão e aos meios de sua sustentabilidade, avaliou-se cada plano

---

[200] PARANÁ (Estado). *Plano de Regionalização da Gestão Integrada de Resíduos Sólidos Urbanos do Estado do Paraná.* Disponível em: <http://www.mma.gov.br/images/arquivo/80058/PERS/PERS%20PR%20jun2013.pdf>. Acesso em: 30 maio 2016.

[201] BRASIL. Ministério do Meio Ambiente – MMA. *Planos estaduais de resíduos sólidos.* Disponível em: <http://www.mma.gov.br/cidades-sustentaveis/residuos-solidos/instrumentos-da-politica-de-residuos/item/10611#>. Acesso em: 28 fev. 2016.

[202] Ainda que conste a informação de plano elaborado, o *link* leva para outro plano estadual, de outro estado-membro, que não o do Piauí. No Portal do Governo do Estado do Piauí não é possível encontrar informação acerca do Plano Estadual de Resíduos Sólidos.

estadual anteriormente identificado a partir da ordem alfabética de suas disponibilidades na página eletrônica do Ministério do Meio Ambiente – MMA. Em cada um dos planos estaduais disponíveis (elaborados), foram buscadas palavras-chave que identificassem as questões levantadas tanto sob a perspectiva da gestão compartilhada (região metropolitana, aglomerados urbanos e microrregiões) ou associada (convênio de cooperação e consórcio público) quanto sob a ótica das suas vias de sustentabilidade (taxa, tarifa e preço público), compreendendo serem estas as suas principais bases econômico-financeiras.[203]

3.2.1 Plano Estadual de Gestão Integrada de Resíduos Sólidos do Acre

Sob tais bases, a avaliação focou primeiramente no Plano Estadual de Gestão Integrada de Resíduos Sólidos do Estado do Acre,[204] datado de janeiro de 2012. Além de estabelecer objetivos, princípios, bem como apresentar o cenário atual do tema no estado do Acre, o Plano Estadual abordou o marco regulatório existente, concluindo por estabelecer metas, instrumentos e, especialmente, arranjos institucionais voltados para a regionalização da gestão em matéria de resíduos sólidos.

Especificamente acerca da gestão, pode-se verificar que a gestão compartilhada não é verificada em nenhum momento ao longo do texto – 0 (zero) abordagens. A gestão associada, por sua vez, aparece em 20 (vinte) passagens ao longo do Plano Estadual, seja como componente de gestão seja como potencialidade para aterros sanitários (disposição final de rejeitos), arranjo institucional voltado para a regionalização ou, ainda, diretriz para a modelagem dos custos.

Ressalte-se, ainda, o "viés indicativo do fomento e da concretização de formas de cooperação federativa, notadamente a gestão

---

[203] Sabe-se, conforme dito no princípio desta pesquisa, que a sustentabilidade econômico-financeira do sistema de resíduos sólidos possui outras vias, entendidas aqui como secundárias, ao menos sob a perspectiva da potencialidade de arrecadação, por exemplo, reutilização, reciclagem, compostagem, recuperação e aproveitamento energético, além de outros que se mostrem viáveis tecnicamente e economicamente. Neste estudo, foca-se, no entanto, em outras vias de arrecadação, quais sejam, a taxa, a tarifa e o preço público, especialmente pela possibilidade que elas oferecem de um tratamento mais plural e diferenciado dos distintos e variados geradores de resíduos sólidos, tendo como base a complexidade de cada resíduo gerado.

[204] ACRE (Estado). *Plano Estadual de Gestão Integrada de Resíduos Sólidos.* Disponível em: <http://www.mma.gov.br/images/arquivo/80058/Regionalizacao/Est_Regionalizacao%20 AC%202012jan.pdf>. Acesso em: 28 fev. 2016.

associada", destacando-se que a prestação dos serviços de resíduos sólidos pode se dar no ambiente de gestão associada tanto em uma perspectiva consorciada (consórcio público) quanto conveniada (convênio de cooperação). A gestão associada é posta, também, para dialogar com as diretrizes envolvendo a "modelagem do custo do consorciamento", além de estar presente em matéria de disposição final – "implantação de sete aterros sanitários de pequeno porte".

Na minuta do Anteprojeto de Lei da Política Estadual de Resíduos Sólidos do Acre, que segue anexada ao Plano Estadual, verificam-se 7 (sete) passagens específica voltadas diretamente para a gestão associada, das quais pode-se destacar tanto sua definição – "exercício das atividades de planejamento, regulação ou fiscalização de serviços públicos por meio de consórcio público ou de convênio de cooperação entre entes federados [...]" –,[205] quanto sua diretriz visando à formação de instrumentos de cooperação federativa, via gestão associada dos consórcios públicos, além de possuir capítulo específico para tratar da gestão associada, incumbindo ao estado do Acre fomentar referida gestão voluntária, além de promover, incentivar e apoiar os referidos planos municipais que adotarem essa prática.

Esmiuçando-se tanto a gestão compulsória quanto a voluntária, percebe-se que, em matéria de compartilhamento, as suas formas (região metropolitana, aglomerados urbanos e microrregiões) são abordadas 1 (uma) única vez cada, estando junto dos componentes de gestão, logo na linha de planejamento e concretização, isto é, "plano da região metropolitana, da aglomeração urbana e da microrregião, desde que estas regiões venham a ser instituídas por lei complementa estadual". Trata-se, como se percebe, de mera expectativa, sem previsão concreta e detalhada de ser essa estrutura implementada.

A gestão voluntária, por sua vez, consta detalhada via convênio de cooperação em 3 (três) momentos, isto é, voltada, primeiramente, para a modelagem da estrutura de regulação, ao destacar que a entidade de regulação poderá ser modelada via "delegação, por meio de convênio de cooperação", e, nas passagens seguintes, ao destacar que

---

[205] Anteprojeto de Lei da Política Estadual de Resíduos Sólidos do Acre, art. 3º, inc. V – "Gestão associada: exercício das atividades de planejamento, regulação ou fiscalização de serviços públicos por meio de consórcio público ou de convênio de cooperação entre entes federados, acompanhadas ou não da prestação dos serviços de limpeza urbana e de manejo de resíduos sólidos ou da transferência total ou parcial de encargos, serviços, pessoal e bens essenciais à continuidade dos serviços transferidos, nos termos da legislação federal e da estadual".

"o município e/ou o consórcio público firmarão convênio de cooperação com o Estado para viabilizar a delegação das atividades de regulação e de fiscalização", bem como o convênio de cooperação "estabelecerá os direitos e deveres de cada convenente, assim como instituirá os limites do exercício das atividades regulatória e fiscalizatória por parte da entidade estadual competente".

Sob a perspectiva do consórcio público, sua ênfase está presente ao longo de 17 (dezessete) passagens, das quais pode ser enfatizado tanto capítulo reservado aos "arranjos institucionais da regionalização dos resíduos sólidos", como atribuição ao consórcio público da "responsabilidade pela elaboração do plano intermunicipal de resíduos sólidos em prol dos entes consorciados". Verifica-se, também, sob a perspectiva da prestação dos serviços, a modelagem da entidade de regulação, isto é, "diretamente, na forma de órgão da Administração direta ou entidade da Administração indireta, inclusive consórcio público do qual a entidade federada consorciada participe".

Consta, ainda, abordagem acerca dos custos do consorciamento, como gastos fixos com a instalação e manutenção da estrutura, "notadamente patrimônio, órgãos administrativos e quadro de pessoal, que poderá variar segundo a sua capacidade administrativa interna de responder às demandas que se impõem", além de se fazer presente outras 4 (quatro) vezes no Anteprojeto de Lei da Política Estadual de Resíduos Sólidos do Acre, sempre – insista-se neste ponto – imbricado com gestão associada.

Sob a perspectiva econômico-financeira do Plano Estadual de Gestão Integrada de Resíduos Sólidos do Acre, a sustentabilidade está diretamente ligada à gestão a ser implementada, tendo, no caso, a meta de garantir a viabilidade do sistema de manejo de resíduos sólidos. Ademais, no referido Plano Estadual, a sustentabilidade também aparece como diretriz para a modelagem remuneratória, o que poderá ocorrer segundo taxa, tarifa ou preço público, observado o seu regime jurídico de prestação. Deve-se destacar que, no estado do Acre, os municípios, via de regra, prestam diretamente os serviços de manejo de resíduos sólidos, sem, porém, efetuarem a cobrança com respaldo na lei local, ainda que, muitas vezes, possuam respaldo para tanto. Há, certamente, uma perda significativa de receita diante dessa omissão, o que pode inviabilizar a efetivação desses direitos.

Especificamente, a taxa, sob uma perspectiva tributária, aparece 17 (dezessete) vezes. Tributo é nitidamente voltado para as "referências remuneratórias do setor", especialmente acerca do seu regime de execução (art. 29, inc. II, da LDNSB), bem como sob a ótica de entendimento exarada pelo Supremo Tribunal Federal – STF, que, inclusive, já editou o Verbete nº 19, da sua súmula vinculante. Verifica-se, ainda, seção reservada aos incentivos econômicos e fiscais, em que a taxa, visando à "autossustentabilidade do modelo institucional de gestão e de gerenciamento de resíduos sólidos", é inserida ao lado das isenções fiscais, dos subsídios públicos, das tarifas, dos preços públicos, bem como do imposto sobre operações relativas à circulação de mercadorias e sobre prestações de serviços de transporte interestadual e intermunicipal e de comunicação, o chamado ICMS socioambiental.

A tarifa, por sua vez, está presente em 11 (onze) passagens, seja em matéria de regulação seja como referência remuneratória do setor. O Plano Estadual avança para abordar essa forma de arrecadação como diretriz para a "modelagem do custo dos serviços municipais", juntamente com taxa e preço público. Aborda, ainda, que o aporte de recursos do município consorciado para o consórcio deverá se apoiar na forma com que é ele beneficiado pela prestação dos serviços de manejo de resíduos sólidos. Isso induz à cobrança de tarifa, pelo consórcio público, nos termos estabelecidos no contrato de programa, como contraprestação.

Por fim, o preço público está inserto em 6 (seis) momentos do Plano Estadual, todos como referencial remuneratório, além de diretriz para a modelagem do custo dos serviços municipais.

Tabela 2 – Gestão e sustentabilidade no PEGIRS do Acre

Gestão e sustentabilidade	Citações no PEGIRS
Compartilhada	0
Região metropolitana	1
Aglomerados urbanos	1
Microrregiões	1
Associada	20
Convênio de cooperação	3
Consórcio público	17
Taxa	17
Tarifa	11
Preço público	6

Fonte: O autor (2016)

3.2.2 Plano Estadual de Gestão dos Resíduos Sólidos do Maranhão

Em seguida, verifica-se o Plano Estadual de Gestão dos Resíduos Sólidos do Maranhão, datado de junho de 2012, contemplando 2 (dois) volumes.[206] Coube ao primeiro levantar os aspectos gerais, os instrumentos econômicos, além do sistema estadual de gestão de informações acerca dos resíduos sólidos, bem como apresentar cenários, estabelecer diretrizes e estratégias e, por fim, metas especialmente voltadas para a disposição final ambientalmente adequada de rejeitos. Ao segundo volume coube a tarefa de apresentar a situação atual dos resíduos sólidos no estado do Maranhão, o que faz em diversos diagnósticos.

Especificamente acerca da gestão dos resíduos sólidos, observa-se que tanto a gestão compartilhada quanto a gestão associada aparecem apenas 2 (duas) vezes cada. A gestão compulsória está voltada para uma melhor fiscalização, isto é, para "fiscalização dos programas, projetos, ações, normas e diretrizes para a destinação final de resíduos estabelecidas no Plano poderá ser utilizada a divisão do Estado por bacias hidrográficas". A gestão voluntária, por outro lado, encontra-se voltada tanto para o ganho de escala "entre vários municípios" quanto conectada com a "Política Estadual de Saneamento Básico – PESB, [que] disciplina o convênio de cooperação entre entes federados para autorizar a gestão associada de serviços públicos de saneamento básico, e dá outras providências".

Detalhando-se a gestão compartilhada, a região metropolitana não possui nenhuma citação específica que envolva sua constituição ou mesmo o seu emprego – 0 (zero) passagens –, ainda que se constate 1 (uma) referência envolvendo a "Região Metropolita de São Luís". Aglomerado urbano possui 1 (uma) presença, ao fomentar a implantação da coleta seletiva em todos os municípios maranhenses priorizando os municípios de maior porte, ou aqueles que integram regiões metropolitanas, consórcios intermunicipais, distritos industriais, aglomerações urbanas e municípios onde houver complexos industriais de pequeno e médio porte. A microrregião é encontrada em apenas 1 (uma) passagem, quando o Plano Estadual trata da "Mesorregião – Unidade

---

[206] MARANHÃO (Estado). *Plano Estadual de Gestão dos Resíduos Sólidos do Maranhão – PEGRS MA*. Disponível em: <http://www.mma.gov.br/images/arquivo/80058/PERS/MA%20PERS %20Vol%201_2012jul.pdf>. Acesso em: 28 fev. 2016.

territorial resultante do agrupamento de microrregiões, porém menor que o estado ou o território".

O convênio de cooperação, em matéria de gestão voluntária, aparece em 1 (um) único momento, ao ser abordada – mais uma vez – a Política Estadual de Saneamento Básico – PESB, que "disciplina o convênio de cooperação entre entes federados para autorizar a gestão associada de serviços públicos de saneamento básico, e dá outras providências". O consórcio público, por sua vez, está presente em 7 (sete) oportunidades, das quais pode-se destacar "roteiro detalhado e didático sobre a constituição de consórcios intermunicipais", "a formação de [consórcios públicos incentivada] pelo Governo Federal", os estudos de regionalização "associados à questão da implementação de Consórcios Públicos", bem como "apoio aos municípios, priorizando os que integram Consórcios Públicos, na formatação e implantação de modelos adequados de cobrança pela gestão de resíduos sólidos".

Acerca da sustentabilidade, a taxa consta em 7 (sete) passagens, fazendo-se registrar tanto como recurso proveniente "de multas, taxas, tarifas ambientais de fiscalização ou exploração de recursos, ICMS e IPTU ecológicos, compensação ambiental e financeira pela exploração de recursos minerais", quanto como uma possibilidade de arrecadação – "cobrança de taxas para tratamento de resíduos embutida ou em paralelo ao IPTU". Verifica-se a taxa, ainda, em passagens reservadas para "resíduos de transporte aquaviário", sem referência de sua constituição ou incidência em outras atividades.

A tarifa é encontrada em 1 (uma) oportunidade, estando mais uma vez relacionada ao financiamento da política ambiental, isto é, "recursos provenientes de multas, taxas, tarifas ambientais de fiscalização ou exploração de recursos, ICMS e IPTU ecológicos, compensação ambiental e financeira pela exploração de recursos minerais". O preço público, por sua vez, não possui nenhuma abordagem – 0 (zero) passagens.

Tabela 3 – Gestão e sustentabilidade no PEGRS do Maranhão

Gestão e sustentabilidade	Citações no PEGRS
Compartilhada	2
Região metropolitana	1
Aglomerados urbanos	0
Microrregiões	1
Associada	2
Convênio de cooperação	1
Consórcio público	7
Taxa	7
Tarifa	1
Preço público	0

Fonte: O autor (2016)

3.2.3 Plano de Gestão Integrada de Resíduos Sólidos do Pará

Avançando-se em ordem alfabética pela lista disponível na página do Ministério do Meio Ambiente – MMA, encontra-se o Plano de Gestão Integrada de Resíduos Sólidos do Estado do Pará – relatório-síntese,[207] datado de junho de 2014, contemplando também dois volumes. Pode-se constatar que o referido Plano Estadual foca na regionalização, especialmente em cenários de agrupamento dos municípios.

Sob a perspectiva da gestão, sua abordagem compartilhada é encontrada em 2 (duas) oportunidades, uma envolvendo o cenário atual, isto é, o reconhecimento de que seriam necessárias tarefas de gestão do setor ao nível do governo estadual tanto em áreas de controle ambiental quanto de gestão compartilhada, e uma segunda conectada aos consórcios públicos, especialmente "para uma gestão compartilhada de atividades específicas e a realização de objetivos de interesse comum, cuja finalidade é melhorar a eficiência da prestação de serviços públicos". A gestão associada, especificamente, também aparece em 2 (dois) instantes, um relativo às etapas de discussão do próprio Plano de Gestão Estadual, e outro no tópico também reservado aos consórcios públicos.

---

[207] PARÁ (Estado). *Plano de Gestão Integrada de Resíduos do Estado do Pará*. Disponível em: <http://www.mma.gov.br/images/arquivo/80058/PERS/PA%20PERGIS_VOL_1.pdf>. Acesso em: 28 fev. 2016.

A região metropolitana está presente ao longo de 6 (seis) passagens, das quais pode-se destacar tópico reservado para a "gestão de resíduos sólidos por região metropolitana e por município polo", além do fato de constar que "dos planos estaduais, os Estados poderão elaborar planos microrregionais de resíduos sólidos, bem como planos de regiões metropolitanas ou aglomerações urbanas", desde que "assegurada a participação de todos os municípios que integram a respectiva microrregião, região metropolitana ou aglomeração urbana". O aglomerado urbano está previsto 1 (uma) vez, assim como a microrregião, ambos na forma anteriormente detalhada.

Sob as bases da gestão associada, não há nenhuma passagem – 0 (zero) –, o que não ocorre no caso do consórcio público, que pode ser encontrado em 24 (vinte e quatro) situações de referencial. Uma de suas abordagens – "Dos Consórcios Públicos" – está diretamente ligada ao "Direito dos Resíduos Sólidos", como forma de capacitação – "capacitação dos consórcios públicos" –, além de "incentivo à adoção de consórcios públicos". Há, ainda, o reconhecimento de que a "a própria Política Nacional de Resíduos Sólidos [...], prevê que os consórcios públicos constituídos com o objetivo de viabilizar a descentralização e a prestação de serviços públicos que envolvam resíduos sólidos", o que enseja prioridade na obtenção dos recursos públicos, especialmente os do Governo Federal.

Em matéria de viabilidade e sustentabilidade financeira do sistema, o Plano Estadual concluiu que a maioria dos seus municípios não cobra pela taxa de limpeza urbana, sendo referida arrecadação pouco expressiva, ainda que muitos possuam em sua estrutura legal tal arcabouço. Ao abordar especificamente esse tributo – a taxa –, verifica-se 16 (dezesseis) ênfases, muitas das quais estão voltadas para a existência ou não da "cobrança de uma Taxa de Limpeza Pública", o que muitas das vezes se dá (equivocadamente) "através do Imposto Predial e Territorial Urbano – IPTU". A tarifa e, também, o preço público, são encontrados apenas 1 (uma) vez relacionados aos consórcios públicos – possibilidade de "emitir documentos de cobrança e exercer atividades de arrecadação de tarifas e outros preços públicos pela prestação de serviços ou pelo uso ou outorga de uso de bens públicos".

Tabela 4 – Gestão e sustentabilidade no PEGIRS do Pará

Gestão e sustentabilidade	Citações no PEIGRS
Compartilhada	2
Região metropolitana	6
Aglomerados urbanos	1
Microrregiões	1
Associada	2
Convênio de cooperação	0
Consórcio público	24
Taxa	16
Tarifa	1
Preço público	1

Fonte: O autor (2016)

3.2.4 Plano de Gestão Integrada e Associada de Resíduos Sólidos Urbanos do Paraná

Em junho de 2013, o Estado do Paraná apresentou o seu Plano de Gestão Integrada e Associada de Resíduos Sólidos Urbanos do Estado.[208] Um destaque deve ser feito desde logo acerca da expressão "associada" já em sua denominação, o que parece indicar sua sinalização. Outro destaque que deve ser feito ao Plano Estadual do Paraná está no fato de ter ele estabelecido como uma de suas diretrizes e estratégias a educação ambiental, que veio acompanhada da redução dos resíduos sólidos, bem como da disposição ambientalmente adequada de rejeitos e da logística reversa dotada de caráter obrigatório.

Voltando-se para o campo específico da gestão, sua ótica compartilhada não é verificada em nenhum momento ao longo do texto – 0 (zero) passagens –, ainda que a sua ramificação via região metropolitana apareça em 3 (três) oportunidades, todas voltadas para a já existente Região Metropolitana de Curitiba. O aglomerado urbano consta em apenas 2 (dois) momentos, ambos como referências e visando à consolidação de cenário já existente, e a microrregião não consta – 0 (zero) abordagens – em nenhum momento voltada para gestão.

A gestão associada, por outro lado, aparece nitidamente em 3 (três) passagens, seja para reconhecer "um grande marco na legislação

---

[208] PARANÁ (Estado). *Plano de Regionalização da Gestão Integrada de Resíduos Sólidos Urbanos do Estado do Paraná.* Disponível em: <http://www.mma.gov.br/images/arquivo/80058/PERS/PERS%20PR%20jun2013.pdf>. Acesso em: 28 fev. 2016.

brasileira com a promulgação da Lei nº 11.107/2005, denominada Lei de Consórcios Públicos e da Gestão Associada de Serviços Públicos", seja para reconhecer que "esse marco facilitou a implementação de inúmeras políticas públicas nos mais de cinco mil municípios brasileiros, principalmente nos municípios de pequeno porte com condições financeiras deficientes".

Nesta linha de gestão associada, não há nenhuma passagem reservada ao convênio de cooperação – 0 (zero) passagens –, enquanto o consórcio público consta em 25 (vinte e cinco) abordagens, entre as quais está a possibilidade de o consórcio público promover "concessão, permissão ou autorização de obras ou serviços públicos", bem como "incentivar a agregação de municípios para a formação de consórcios públicos com base territorial na bacia hidrográfica".

No que envolve a sustentabilidade, a taxa está claramente prevista em 4 (quatro) passagens. Destaque-se sua relação com a cobrança do IPTU, restando concluído no próprio plano que apesar de muitos municípios paranaenses realizarem algum tipo de cobrança pelos serviços de limpeza pública ou manejo de resíduos sólidos, sua efetivação se dá via taxa cobrada juntamente com IPTU, "o que gera anualmente alto índice de inadimplência da taxa". Ademais, verifica-se a taxa quando das "potencialidades econômicas da recuperação dos resíduos sólidos", bem como a partir da definição de "taxa de geração de resíduos, metas de recuperação e reciclagem de resíduos secos e orgânicos e os valores atuais praticados no mercado" foi possível estimar o potencial econômico do aproveitamento dos resíduos orgânicos e recicláveis secos.

A tarifa consta em 2 (duas) passagens, ambas ao tratar da "Lei de Consórcios", estando uma voltada para pontuar que o consórcio público pode captar "recursos através de cobrança de tarifa pela prestação de serviços", e a outra direcionada para pontuar a responsabilidade dos entes públicos envolvidos no consorciamento. O preço público, por sua vez, consta apenas e unicamente 1 (uma) vez, estando diretamente inserido na abordagem da tarifa.

Tabela 5 – Gestão e sustentabilidade no PGIARS do Paraná

Gestão e sustentabilidade	Citações no PGIARS
Compartilhada	0
Região metropolitana	3
Aglomerados urbanos	2
Microrregiões	0
Associada	3
Convênio de cooperação	0
Consórcio público	25
Taxa	4
Tarifa	2
Preço público	1

Fonte: O autor (2016)

3.2.5 Plano Estadual de Resíduos Sólidos de Pernambuco

O Plano Estadual de Resíduos Sólidos do Estado de Pernambuco foi concluído em julho de 2012.[209] Seu curso, seguindo a maioria dos planos estaduais já avaliados, segue forte o caminho da regionalização em matéria de resíduos sólidos, destacando-se também suas diretrizes e estratégias com foco na disposição final ambientalmente adequada de rejeitos, na redução da geração de resíduos sólidos e na universalização desse sistema de coleta em todo o estado de Pernambuco.

Voltando-se para o campo específico da gestão, sua ótica compartilhada não é verificada em nenhum momento ao longo do texto – 0 (zero) passagens –, o que também ocorre com a região metropolitana, com o aglomerado urbano e com a microrregião – 0 (zero) abordagens. A gestão associada também não possui nenhuma inserção específica – 0 (zero) –, o que também ocorre com o convênio de cooperação – 0 (zero). O consórcio público, por sua vez, consta em 20 (vinte) passagens, das quais se percebe como "estratégia adotada para melhorar o gerenciamento integrado dos resíduos sólidos, buscando a formação e o fortalecimento de consórcios públicos", além do reconhecimento de que existe um "conjunto de 11 (onze) consórcios públicos", e um "processo de implantação de 10 (dez) consórcios públicos no Estado".

---

[209] PERNAMBUCO (Estado). *Plano Estadual de Resíduos Sólidos.* Disponível em: <http://www.mma.gov.br/images/arquivo/80058/PERS/PE%20PERS_2012jul.pdf>. Acesso em: 29 fev. 2016.

No que envolve a sustentabilidade, seu objetivo, conforme descrito no Plano Estadual, é contemplar custos para implementação de ações, instalações, e equipamentos que competem ao estado-membro, às regiões e aos municípios. A preocupação do Plano Estadual se justifica pelo simples fato de que um número muito expressivo de municípios não possui taxa envolvendo manejo de resíduos sólidos. Dos que a possuem, pouco mais de trinta e sete por cento efetivamente cobram o referido tributo por serviços de resíduos sólidos prestados ou à disposição, sendo que dos que cobram, mais de setenta e quatro por cento fazem via IPTU, gerando elevadíssimo índice de inadimplência. Não é por outra razão que uma de suas metas e ações consiste em justamente estabelecer a sustentabilidade do sistema mediante a cobrança de taxa sem sua vinculação com o IPTU.

Ademais, consta expressamente no Plano Estadual a necessidade de se implementar a cobrança da taxa por serviços de limpeza pública, coleta, triagem, tratamento e destinação final, ainda que em apenas 3 (três) passagens o referido tributo esteja concretamente abordado. A tarifa e o preço público, por sua vez, não são abordados – 0 (zero).

Tabela 6 – Gestão e sustentabilidade no PERS de Pernambuco

Gestão e sustentabilidade	Citações no PERS
Compartilhada	0
Região metropolitana	0
Aglomerados urbanos	0
Microrregiões	0
Associada	0
Convênio de cooperação	0
Consórcio público	20
Taxa	3
Tarifa	0
Preço público	0

Fonte: O autor (2016)

3.2.6 Plano Estadual de Resíduos Sólidos do Rio de Janeiro

Adiante, verifica-se nos arquivos do Ministério do Meio Ambiente – MMA o Plano Estadual de Resíduos Sólidos do Rio de

Janeiro – relatório-síntese, concluído em 2013.[210] Suas bases estão na reciclagem e nos cenários de desenvolvimento socioeconômico, tendo como meta o modelo de gestão de resíduos sólidos permeado pela cooperação federativa com proposta de regionalização e consórcios públicos, sem desprezar a logística reversa e os mecanismos de desenvolvimento limpo.

No referido Plano Estadual, a gestão compartilhada aparece 1 (uma) vez, momento em que visa "privilegiar soluções compartilhadas incentivando os arranjos para constituí- rem consórcios". Seu desdobramento seja em matéria de região metropolitana seja de aglomerado urbano não possui nenhuma abordagem – 0 (zero) –, o que não ocorre com a microrregião, que está presente 1 (uma) vez, isto é, "o Estado, também calcado na escala institucional de cooperação federativa, poderá promover uma intervenção coordenada, e criar microrregiões voltados especificamente para o setor de resíduos sólidos".

A gestão associada, por outro lado, é encontrada em 4 (quatro) passagens, uma logo na apresentação, estando ela voltada para a implementação de estruturas, outra para incentivar e viabilizar a gestão de resíduos sólidos, e, outras duas, como cooperação federativa. O convênio de cooperação está presente em 1 (uma) passagem, especificamente voltado para situação em que o estado poderá se utilizar do "convênio de cooperação federativa agregado ao contrato de programa em prol da implementação da gestão associada de resíduos sólidos". O consórcio público aparece em 18 (dezoito) momentos, os quais envolvem "arranjos para a gestão dos resíduos", "arranjos estaduais para potencializar a implementação da logística reversa", além de serem a pedra de toque "na elaboração de projetos e implantação de unidades de disposição final ambientalmente adequada de rejeitos".

Referido Plano Estadual objetiva alcançar escalas de sustentabilidade ao introduzir, entre outros, incentivos como a compra do "Lixo Tratado e o ICMS Verde", além da adoção de mecanismos econômicos e gerenciais que assegurem a recuperação dos custos dos serviços prestados. Voltando-se para a taxa, o Plano Estadual possui como uma de suas metas instituir a cobrança de Taxa de Resíduos Domiciliares, reconhecendo ser ela uma forma de remuneração pelos serviços prestados ou postos à disposição. São 6 (seis) as suas passagens, o que

---

[210] RIO DE JANEIRO (Estado). *Plano Estadual de Resíduos Sólidos do Rio de Janeiro*. Disponível em: <http://www.mma.gov.br/images/arquivo/80058/PERS/RJ%20PERS_2013ago.pdf>. Acesso em: 29 fev. 2016.

também ocorre com a tarifa, com 5 (cinco) abordagens, e com o preço público, com 4 (quatro) destaques, reconhecendo-se este como uma possibilidade para conferir sustentabilidade ao sistema, juntamente com taxa, tarifa e preço público.

Tabela 7 – Gestão e sustentabilidade no PERS do Rio de Janeiro

Gestão e sustentabilidade	Citações no PERS
Compartilhada	2
Região metropolitana	0
Aglomerados urbanos	0
Microrregiões	1
Associada	4
Convênio de cooperação	1
Consórcio público	18
Taxa	6
Tarifa	5
Preço público	4

Fonte: O autor (2016)

3.2.7 Plano Estadual de Gestão Integrada de Resíduos Sólidos do Rio Grande do Norte

O Plano Estadual de Gestão Integrada de Resíduos Sólidos do Rio Grande do Norte – relatório-síntese, data de janeiro de 2012 e possui como lema "erradicar lixões".[211] Observada a viabilidade econômica, ambiental, social e jurídico-institucional, o Plano Estadual possui tópico específico reservado para a implementação de consórcios públicos regionais para a gestão e o manejo de resíduos sólidos.

A gestão compartilhada aparece 2 (duas) vezes, uma destacando "como conteúdo mínimo as medidas para incentivar e viabilizar a gestão consorciada ou compartilhada dos resíduos sólidos", e outra ao abordar a regionalização, isto é, "pode ser entendida como um conjunto ou agrupamento territorial, onde se estabelece a formação de um mosaico, o qual tem a finalidade de buscar a melhor solução, levando-se em consideração o custo e a logística de transporte, na gestão

---

[211] GRANDE DO NORTE (Estado). *Plano Estadual de Gestão Integrada de Resíduos Sólidos – PEGIRS/RN*. Disponível em: <http://www.mma.gov.br/images/arquivo/80058/PERS/PERS %20RN%20jan2012.PDF>. Acesso em: 29 fev. 2016.

consorciada e compartilhada dos resíduos sólidos". Suas derivações em região metropolitana e aglomeração urbana não são destacadas – 0 (zero) passagens. A microrregião pode ser encontrada em 5 (cinco) oportunidades, e pode ser destacada como possibilidade de que "o Governo do Estado do Rio Grande do Norte adote uma postura proativa, no sentido de articular todos os municípios do Estado para constituição de um modelo de gestão integrada dos resíduos sólidos urbanos gerados, instituindo microrregiões por agrupamentos de municípios limítrofes, para integrar a organização, o planejamento e a execução de funções públicas de interesse comum".

A gestão associada, por outro lado, pôde ser encontrada em 2 (duas) oportunidades, seja relacionada com a abordagem inicial do Plano Estadual seja com a regionalização, também um dos seus focos. Acerca do convênio de cooperação, são encontradas 14 (quatorze) passagens, destacando-se "que o município de Natal, através de convênio com o de Ceará-Mirim, assinou Convênio em dezembro de 2003, que possibilitou a implantação do aterro sanitário metropolitano". O consórcio público, por sua vez, pode ser verificado em 36 (trinta e seis) passagens, majoritariamente voltadas para sua abordagem voluntária, seja para sua implantação em matéria de resíduos sólidos seja como criação do primeiro consórcio público para o estado do Rio Grande do Norte, além de constar relacionado a inúmeras passagens envolvendo aterros sanitários, economia de escala, e muitos protocolos de intenções discutidos ao longo da elaboração do Plano Estadual.

Acerca da sustentabilidade desse sistema, a taxa é vista como uma possibilidade, assim como a tarifa pode ser verificada ao lado do consórcio público, podendo este cobrá-la, juntamente com o preço público. Ainda assim, não há previsão para uma taxa específica – 0 (zero) –, constando, porém, que "os consórcios poderão: [...] cobrar tarifas e preços públicos", únicas situações em que referidas arrecadações são inseridas na perspectiva tributária – 1 (uma) passagem.

Tabela 8 – Gestão e sustentabilidade no PEGIRS do Rio Grande do Norte

Gestão e sustentabilidade	Citações no PEGIRS
Compartilhada	2
Região metropolitana	0
Aglomerados urbanos	0
Microrregiões	5
Associada	2
Convênio de cooperação	14
Consórcio público	36
Taxa	0
Tarifa	1
Preço público	1

Fonte: O autor (2016)

3.2.8 Plano Estadual de Resíduos Sólidos do Rio Grande do Sul

O Plano Estadual de Resíduos Sólidos do Rio Grande do Sul data de dezembro de 2014, possuindo seu norte de atuação até o ano de 2034.[212] Sua primeira singularidade está na mobilização social e divulgação. Destacam-se, também, os seus aspectos econômicos e financeiros, sendo o caso do ICMS ecológico, além de o Plano Estadual ter seu foco na regionalização e na proposta de arranjos intermunicipais.

No Plano Estadual 2 (duas) são as menções voltadas para a gestão compartilhada, uma ao reconhecer essa visão na Lei da Política Nacional de Resíduos Sólidos – para se ter acesso aos recursos federais "os municípios deverão ter obrigatoriamente elaborado seu Plano Municipal de Resíduos Sólidos ou Plano Regional de Resíduos Sólidos em casos de regionalização ou adesão a ações consorciadas ou compartilhadas entre municípios" –, e outra ao prever programa de saneamento ambiental para municípios com até 50 mil habitantes.

A região metropolitana e os aglomerados urbanos não são contemplados – 0 (zero) abordagens –, enquanto que a microrregião consta em 7 (sete) passagens, destacando-se que "as regiões poderão ser divididas em microrregiões, caso esta alternativa se mostre mais adequada para o planejamento e gestão, de acordo com a realidade".

---

[212] RIO GRANDE DO SUL (Estado). *Plano Estadual de Resíduos Sólidos do Rio Grande do Sul – 2015-2034*. Disponível em: <http://www.pers.rs.gov.br/arquivos/ENGB-SEMA-PERS-RS-40-Final-rev01.pdf>. Acesso em: 29 fev. 2016.

A gestão associada ocorre apenas 1 (uma) vez, não existindo nenhuma citação acerca do convênio de cooperação – 0 (zero) passagens –, ainda que sobre consórcio público conste 33 (trinta e três) ênfases, das quais se destacam como "ganho em escala e viabilidade de prestação de serviços em municípios de pequeno porte", para "gerir e operar um aterro sanitário que atenda aos municípios consorciados", bem "a existência de consórcios públicos intermunicipais constitui um dos parâmetros de maior relevância na análise dos arranjos intermunicipais no Estado".

Sob a perspectiva da taxa, esta consta em 42 (quarenta e duas) passagens, voltando-se especialmente para "taxas de geração per capita de RSU por faixa populacional adotadas para o RS", bem como "o serviço público é disponibilizado para geradores de pequenos volumes, porém sem cobrança de taxas específicas", a "taxa de limpeza urbana", e a previsão de instituição "do Fundo Estadual de Resíduos Sólidos, que deve ser uma das suas fontes de financiamento, ou a principal, que pode ser gerado dentro da 'taxa de lixo', [...] seguindo um cronograma plurianual".

A tarifa, por sua vez, aparece apenas 1 (uma) vez, estando voltada para a Agência Estadual de Regulação – "na área de saneamento, realiza convênios com municípios com o objetivo de universalizar os serviços de saneamento, reduzindo das desigualdades regionais, melhorando a qualidade dos serviços e a modicidade das tarifas" –, não sendo reservada nenhuma menção ao preço público – 0 (zero).

Tabela 9 – Gestão e sustentabilidade no PERS do Rio Grande do Sul

Gestão e sustentabilidade	Citações no PERS
Compartilhada	2
Região metropolitana	0
Aglomerados urbanos	0
Microrregiões	7
Associada	1
Convênio de cooperação	0
Consórcio público	33
Taxa	42
Tarifa	1
Preço público	0

Fonte: O autor (2016)

3.2.9 Plano Diretor para a Gestão e Tratamento de Resíduos Sólidos Urbanos de Santa Catarina

O estado de Santa Catarina apresentou seu Plano Diretor para a Gestão e Tratamento de Resíduos Sólidos Urbanos do Estado em setembro de 2014.[213] Possui o referido Plano Estadual foco na organização territorial, nas infraestruturas de tratamento e de gestão de resíduos sólidos, bem como no financiamento dessas estruturas, o que é essencial para viabilizar e sustentar o sistema.

Gestão compartilhada pode ser encontrada 1 (uma) vez, juntamente com a gestão associada – também 1 (uma) –, justamente no momento em que se aborda a questão dos consórcios públicos, isto é, a prestação dos serviços de manejo de resíduos sólidos corresponde aos municípios que poderão executá-lo de forma independente ou associada.

A região metropolitana, o aglomerado urbano e a microrregião estão imbrincados no Plano Estadual. Ainda que com relação à primeira conste 3 (três), ao segundo 4 (quatro) e à terceira 3 (três) passagens, todos permeiam inserções que envolvem a possibilidade de se "elaborar planos Microrregionais ou de Regiões Metropolitanas ou aglomerações urbanas".

O convênio de cooperação está presente em 2 (duas) passagens, uma como reprodução de legislação – "no âmbito da gestão conjunta dos serviços públicos, mediante a celebração do contrato-programa autorizado pelo contrato de consórcio público ou por convenio de cooperação entre entes federais" –, e a outra ao abordar a coordenação legislativa – "as relações de cooperação ou colaboração podem ter lugar por meio de consórcios ou convênios administrativos, as subvenções ou planos de cooperação econômica".

O consórcio público como forma de gestão e de financiamento de serviços metropolitanos está presente em 14 (quatorze) passagens, seja como reprodução de legislação seja como relação "de cooperação ou colaboração podem ter lugar por meio de consórcios ou convênios administrativos, as subvenções ou planos de cooperação econômica". Verifica-se, ainda, como "diretrizes e estratégias em matéria de qualificação da gestão de resíduos sólidos", bem como "os consórcios são entidades jurídicas constituídas para a gestão de serviços de interesse

---

[213] SANTA CATARINA (Estado). *Plano Diretor para a Gestão e Tratamento de Resíduos Sólidos Urbanos do Estado de Santa Catarina.* Disponível em: <http://www.mma.gov.br/images/arquivo/80058/Regionalizacao/Pl%20Diretor%20RSU_SC%202014.pdf>. Acesso em: 29 fev. 2016.

público em comum", destacando ser o consórcio "entidade local, ou seja, é primeiramente uma entidade pública de caráter local". Além disso – segue o Plano Estadual –, "pode também ser caracterizado por uma corporação Inter administrativa local e não territorial, voluntariamente constituída e integrada por alguma(s) Corporações".

A taxa consta em 39 (trinta e nove) abordagens, especialmente pelo fato de ela estar sendo fortemente aplicada em aterros sanitários, pontualmente sob o princípio da "proporcionalidade entre os custos de gestão e a quantidade de resíduos administrados e prevê-se o autofinanciamento do processo através das taxas ou tarifas que devem ser tomadas como base pelos produtores e geradores de resíduos". A tarifa e o preço público estão presentes em 6 (seis) passagens cada, especialmente em "aterros que cobram um preço por tonelada de resíduo comercial/industrial aterrado semelhante aquele cobrado para o aterramento de resíduos sólidos urbanos".

Tabela 10 – Gestão e sustentabilidade no PDGTRSU de Santa Catarina

Gestão e sustentabilidade	Citações no PDGTRSU
Compartilhada	1
Região metropolitana	3
Aglomerados urbanos	4
Microrregiões	3
Associada	1
Convênio de cooperação	2
Consórcio público	14
Taxa	39
Tarifa	6
Preço público	6

Fonte: O autor (2016)

3.2.10 Plano de Resíduos Sólidos do Estado de São Paulo

O Plano de Resíduos Sólidos do Estado de São Paulo data de 2014, encontrando-se dividido em três partes – duas relativas ao Plano Estadual propriamente,[214] [215] e uma voltada especificamente para o

---

[214] SÃO PAULO (Estado). *Plano de Resíduos Sólidos do Estado de São Paulo*. Disponível em: <http://www.mma.gov.br/images/arquivo/80058/Regionalizacao/Est_Regionalizacao%20 SP%202014out_parte_001.pdf>. Acesso em: 29 fev. 2016

[215] SÃO PAULO (Estado). *Plano de Resíduos Sólidos do Estado de São Paulo*. Disponível em: <http://www.mma.gov.br/images/arquivo/80058/Regionalizacao/Est_Regionalizacao%20 SP%202014out_parte_001.pdf>. Acesso em: 29 fev. 2016

OS PLANOS ESTADUAIS DE RESÍDUOS SÓLIDOS SOB A PERSPECTIVA DA GESTÃO E DA SUSTENTABILIDADE...

estudo da regionalização.[216] Fato é que o Plano Estadual primeiro estabelece seu panorama e, ato seguinte, volta-se para a regionalização e para os arranjos intermunicipais, com destaque para soluções consorciadas, advenham elas da gestão compartilhada ou da gestão associada.

Em matéria de gestão compartilhada, via compulsória, não se verifica nenhuma abordagem – 0 (zero) –, o que também ocorre acerca da gestão associada, ao menos sob suas bases específicas. A região metropolitana possui, no entanto, 10 (dez) passagens, o que se repete em se tratando de aglomerado urbano e microrregião, todas as inserções presentes em "quadro síntese das formas de arranjos intermunicipais" disponíveis e à disposição dos entes menores, os municípios.

O convênio de cooperação, por sua vez, possui 3 (três) referenciais, especialmente para constar entre as "possíveis formas de cooperação voluntária entre municípios para o desenvolvimento de soluções conjuntas para a gestão de resíduos sólidos, destacam-se os convênios de cooperação, os consórcios públicos e as parcerias público-privadas".

O consórcio possui 36 (trinta e seis) passagens, voltadas tanto para a tomada de recursos ("podem ser órgãos ou entidades da administração direta ou indireta, consórcios intermunicipais, concessionários de serviços públicos e empresas privadas"), quanto para "a racionalização e melhoria da gestão dos resíduos sólidos estabelecida nas Políticas Federal e Estadual de Resíduos Sólidos é a constituição de consórcios públicos voltados à gestão dos resíduos".

A taxa consta em 2 (duas) passagens, uma envolvendo "taxa específica no boleto do IPTU", e outra "os aspectos financeiros da gestão dos RSU", isto é, "a questão da cobrança pelos serviços tem ocupado um espaço cada vez maior nas discussões sobre o tema, havendo, inclusive, uma discussão jurídica sobre a constitucionalidade dessa taxa".

A tarifa consta 7 (sete) vezes no Plano Estadual, destacando-se "a possibilidade de combinar a remuneração tarifária com o pagamento de contraprestações públicas e define PPP como contrato administrativo de concessão, na modalidade patrocinada ou administrativa", e o fato de "na concessão patrocinada, a remuneração do parceiro privado envolve, adicionalmente à tarifa cobrada dos usuários, a contraprestação pecuniária do parceiro público. Já na concessão administrativa, por sua vez,

---

[216] SÃO PAULO (Estado). *Plano de Resíduos Sólidos do Estado de São Paulo*. Disponível em: <http://www.mma.gov.br/images/arquivo/80058/Regionalizacao/Est_Regionalizacao%20 SP%202014out_parte_001.pdf>. Acesso em: 29 fev. 2016.

envolve tão somente a contraprestação pública, pois se aplica nos casos em que não houver possibilidade de cobrança de tarifa dos usuários".

O preço público, com 5 (cinco) destaques, está voltado diretamente para as situações em que "os consórcios ainda poderão emitir boleto de cobrança e exercer atividades de arrecadação de tarefas", o que significa falar na possibilidade de estabelecerem "outros preços públicos pela prestação de serviços ou pelo uso ou outorga de uso de bens públicos por eles administrados, ou, mediante autorização específica, pelo ente da Federação consorciado".

Tabela 11 – Gestão e sustentabilidade no PRS de São Paulo

Gestão e sustentabilidade	Citações no PDGTRSU
Compartilhada	0
Região metropolitana	10
Aglomerados urbanos	10
Microrregiões	10
Associada	0
Convênio de cooperação	3
Consórcio público	36
Taxa	2
Tarifa	7
Preço público	5

Fonte: O autor (2016)

3.2.11 Plano Estadual de Resíduos Sólidos de Sergipe

O último documento disponível na página do Ministério do Meio Ambiente – MMA é o Plano Estadual de Resíduos Sólidos do Estado do Sergipe, apresentado em dezembro de 2014.[217] Seu destaque inicial está na mobilização social, com foco na participação durante o processo de elaboração do Plano Estadual, além de ter em suas diretrizes as atividades de gestão, bem como a destinação e a disposição ambientalmente adequadas.

A gestão compartilhada aparece especificamente em 2 (dois) momentos, um relacionado ao fortalecimento da gestão e do gerenciamento dos serviços de limpeza urbana, outro à Lei da Política Nacional

---

[217] SERGIPE (Estado). *Plano Estadual de Resíduos Sólidos de Sergipe*. Disponível em: <http://www.mma.gov.br/images/arquivo/80058/PERS/PERS%20SE%202014dez.pdf>. Acesso em: 29 fev. 2016.

de Resíduos Sólidos, especialmente acerca dos prazos nacionalmente estipulados. A região metropolitana e o aglomerado urbano não possuem referências, ao menos sob sua perspectiva de gestão compulsória – 0 (zero) passagens –, ainda que 2 (duas) sejam referências envolvendo as microrregiões, uma delas, por exemplo, voltada à Lei da Política Nacional de Resíduos Sólidos – prioridade no acesso aos recursos – está também "concedida aos estados que instituírem microrregiões para a gestão".

A gestão associada, por sua vez, consta em 16 (dezesseis) passagens, seja como modelo de gestão de resíduos sólidos voltado à implantação dos consórcios públicos, seja acerca da regionalização em matéria de resíduos sólidos, além de inúmeras referências à legislação nacional e do destaque que a gestão associada possui como instrumento jurídico, com forte ênfase para a redução de custos em virtude da escala de otimização, o que tornaria viável esse arranjo jurídico de cooperação via consórcio público.

O convênio de cooperação possui 3 (três) passagens, destacando-se que a "gestão associada tem que estar estabelecida em instrumento jurídico com determinação das bases de relacionamento, remetendo assim para os consórcios públicos e convênios de cooperação", bem como "dos serviços que envolvem a formação de consórcios públicos ou convênios de cooperação". Os consórcios públicos, por outro lado, estão presentes em 24 (vinte e quatro) abordagens, seja pelo fato de possibilitarem "a prestação regionalizada dos serviços públicos instituídos pela Lei Federal de Saneamento Básico", seja pela "prioridade absoluta no acesso aos recursos da União ou por ela controlados". Ressalta-se, ainda, "que a gestão associada tem que estar estabelecida em instrumento jurídico com determinação das bases de relacionamento, remetendo assim para os consórcios públicos e convênios de cooperação", além de ser "o modelo de gestão associada de resíduos sólidos e a implantação dos consórcios de saneamento".

A operação e a manutenção dos sistemas de gerenciamento de resíduos devem se dar de forma a garantir a sustentabilidade econômica, ou seja, é o próprio usuário dos serviços quem financia o sistema por meio do pagamento de taxas, tarifas e preços públicos, por exemplo. Neste sentido, segue o Plano Estadual, o ganho de escala no manejo dos resíduos sólidos, conjugado à implantação da cobrança pela prestação dos serviços, garante a sustentabilidade econômica dos consórcios públicos e a manutenção de pessoal especializado na gestão técnica. Ademais, visa universalizar o sistema, sem o vincular ao IPTU.

A taxa está prevista em 19 (dezenove) passagens ao longo do Plano Estadual, tais como o reconhecimento de que a operação e manutenção dos sistemas de gerenciamento de resíduos deve se dar "de forma a garantir a sustentabilidade econômica, ou seja, é o próprio usuário dos serviços quem financia o sistema por meio do pagamento de taxas, tarifas e preços públicos".

A tarifa, em 8 (oito) abordagens, destaca que "os consórcios poderão estabelecer critérios para concessão de subsídios tarifários ou tarifas mínimas para os usuários e localidades que não tenham capacidade de pagamento ou escala econômica suficiente para cobrir o custo integral dos serviços", enquanto o preço público, em suas 2 (duas) constatações, foca-se no fato de que "a operação e manutenção dos sistemas de gerenciamento de resíduos devem se dar de forma a garantir a sustentabilidade econômica, ou seja, é o próprio usuário dos serviços quem financia o sistema através de pagamento de taxas, tarifas e preços públicos".

Tabela 12 – Gestão e sustentabilidade no PERS de Sergipe

Gestão e sustentabilidade	Citações no PDGTRSU
Compartilhada	2
Região metropolitana	0
Aglomerados urbanos	0
Microrregiões	2
Associada	16
Convênio de cooperação	3
Consórcio público	24
Taxa	19
Tarifa	8
Preço público	2

Fonte: O autor (2016)

3.3 Gestão e sustentabilidade nos planos estaduais elaborados, uma necessária correção de rumo e curso

A problemática envolvendo o manejo de resíduos sólidos está definitivamente inserida na pauta do dia, devendo permanecer por longa data, pois envolve assunto que demandará longo espaço de tempo para ser equacionado. A realidade em boa parte do território brasileiro consiste em lixões, forma arcaica e precária de disposição final dos rejeitos, o que resulta em frequentes e rotineiros impactos ambientais geralmente consistentes em contaminação do solo,[218] podendo inclusive alcançar o lençol freático e os cursos d'água, para citar apenas um exemplo crítico envolvendo o assunto. Enfim, estamos diante de uma política pública que enseja ser revisitada (avaliada e reavaliada) periodicamente.

É neste sentido que a Lei da Política Nacional de Resíduos Sólidos estrategicamente estabelece as diretrizes para toda uma política pública nacional envolvendo o assunto no âmbito do território brasileiro. Este também é o momento para retirar a população de seu estágio de inconsciência, de verdadeira alienação, pois não consegue perceber que é parte de um todo e que possui influência sobre ele, assim como o Poder Público deve estar estruturado para que esteja em sintonia com a realidade, podendo realmente perceber o momento de viragem social que tanto se espera e contribuir para ele.

Não é por outra razão que do debate nacional (plano nacional de resíduos sólidos) ou dos seus congêneres estaduais (planos estaduais) e municipais (planos integrados de gestão de resíduos sólidos), deve emergir a questão de quem irá pagar a conta desta conquista social historicamente alcançada – a destinação dos resíduos sólidos e a disposição dos rejeitos de forma ambientalmente adequada. O que se quer dizer é que o interesse envolvendo resíduos sólidos ganhou adequado tratamento, passando, portanto, a ser visto como um direito pelo sistema jurídico posto (constitui-se, como dito, em uma verdadeira política pública de âmbito nacional), logo, demandando o uso de recursos para que passe ao seu estágio de efetivação (meios de tornar a política nacional de manejo de resíduos sólidos viável e sustentável).

Movimento este que somente poderá ganhar corpo e solidez caso consiga dotar-se de recursos, o que, para tornar o sistema sustentável, poderá ser viabilizado com a instituição de fontes de arrecadação, como exemplo, a taxa (contraprestação paga ao Estado em razão da prestação de serviço público específico e divisível), e, muito especialmente, a tarifa (preço, e não o tributo, cobrado por concessionário ou permissionário, que, mediante delegação contratual promovida pelo Estado, explore a coisa pública), ou, ainda, o preço público (valor cobrado pela prestação de uma atividade econômica em sentido amplo, mas dotada de forte interesse público, em que o Estado, na qualidade de agente econômico, promove a sua execução em regime de mercado).

---

[218] Além de outras contaminações oriundas dessa prática, o chorume, líquido oriundo da decomposição da matéria orgânica, é a principal preocupação.

Enfim, conferir aos resíduos sólidos um devido e adequado tratamento, nos termos estabelecidos pela Lei da Política Nacional de Resíduos Sólidos, possui um custo, que é representativo. Os direitos possuem um custo para serem efetivados, o que pode ser equacionado por meio da instituição de fontes de arrecadação que ofereçam em contrapartida prestações do próprio Estado ou mesmo de particulares, devidamente autorizados e regulamentados para tanto. Do contrário, normas jurídicas de elevado impacto sobre a sociedade – cidadãos, governos, setor privado e sociedade civil organizada – não alcançarão a efetividade esperada, o que comprova a inexistência de direitos absolutos sob o ponto de vista econômico-financeiro.

Nesta esteira – necessária viabilidade e sustentabilidade do sistema –, verificou-se nos planos estaduais de manejo de resíduos sólidos elaborados e disponíveis na página eletrônica do Ministério do Meio Ambiente – MMA, instituição responsável por disponibilizar recursos e conferir apoio técnico aos entes federativos menores, especialmente aos estados-membros, uma forte ênfase à cooperação intermunicipal, especificamente centrada na gestão associada via consórcios públicos (associação voluntária) – esse foco está presente em todos os planos estaduais de resíduos sólidos avaliados. Extraiu-se ainda que, em sua maioria, os planos estaduais elaborados estão relegando para um segundo plano as figuras da tarifa e do preço público, o que não explora em sua máxima magnitude a gestão associada pautada via consórcios públicos.

Trata-se, por assim dizer, de uma verdadeira contradição em termos, pois enquanto o foco dos planos estaduais de resíduos sólidos avaliados está prioritariamente voltado para a gestão associada volun-tária via consórcios públicos (ótica jurídica), a sua sustentabilidade e viabilidade (ótica econômico-financeira) encontra-se centrada no tributo "clássico", a taxa, contraprestação paga ao Estado em razão da prestação de serviço público específico e divisível (taxa de serviço) – a presença de referido tributo é expressiva em praticamente todos os planos es-taduais (não consta, ao menos sob sua ótica de tributo propriamente, unicamente no Plano Estadual de Gestão Integrada de Resíduos Sólidos do Rio Grande do Norte).

O que se verifica nos planos estaduais avaliados é a dificuldade de o Poder Público dar um passo adiante e verdadeiramente interagir de forma aberta, séria e transparente com a iniciativa privada e a sociedade em geral. Neste sentido, veja-se a Tabela 13, a seguir, que reflete em números – expressivos, diga-se de passagem – a ênfase conferida pelos

OS PLANOS ESTADUAIS DE RESÍDUOS SÓLIDOS SOB A PERSPECTIVA DA GESTÃO E DA SUSTENTABILIDADE...

planos estaduais, seja em face dos consórcios públicos seja no sentido da taxa, o que comprova a contradição anteriormente aventada.

Tabela 13 – Gestão e sustentabilidade nos PERS

Gestão	Citações/Estados										
	AC	MA	PA	PR	PE	RJ	RN	RS	SC	SP	SE
Compartilhada	0	2	2	0	0	2	2	2	1	0	2
Região metropolitana	1	1	6	3	0	0	0	0	3	10	0
Aglomerados urbanos	1	0	1	2	0	0	0	0	4	10	0
Microrregiões	1	1	1	0	0	1	5	7	3	10	2
Associada	20	2	2	3	0	4	2	1	1	0	16
Convênio de cooperação	3	1	0	0	0	1	14	0	2	3	3
Consórcio público	17	7	24	25	20	18	36	33	14	36	24
Taxa	17	7	16	4	3	6	0	42	39	2	19
Tarifa	11	1	1	2	0	5	1	1	6	7	8
Preço público	6	0	1	1	0	4	1	0	6	5	2

Fonte: O autor (2016)

O caminho que está sendo adotado pelos planos estaduais é o mais simplório e singelo possível, deixando esmorecida a relação profícua que poderia ser melhor estabelecida entre o Poder Público e concessionários ou permissionários dos referidos serviços de manejo de resíduos sólidos, isto é, exploração da coisa pública por consórcios públicos constituídos pelos próprios entes municipais consorciados, o que inclusive permitiria a sua delegação em favor da iniciativa privada – relega-se, com isso, a possibilidade de se tarifar distintamente os diferentes geradores de resíduos sólidos.

Ademais, ao relegar também o preço público para um segundo, ou até mesmo terceiro patamar, os planos estaduais elaborados também estão evitando que os consórcios públicos prestem atividade econômica em sentido amplo, dotada de forte interesse público, oportunidade em que os consorciados, na qualidade de agentes econômicos, promoveriam sua execução em regime de mercado mediante a devida contraprestação segundo precificação estabelecida em regulamento.

Face a essas constatações extraídas da avaliação dos Planos estaduais de resíduos sólidos disponíveis – (i) foco na gestão associada via consórcios públicos, e (ii) ênfase na taxa, o que faz saltar aos olhos uma verdadeira contradição –, pode-se concluir que o processo de implementação da política pública de resíduos sólidos prevista na Lei da Política Nacional de Resíduos Sólidos enseja uma correção de rumo e curso. Trata-se, sob a perspectiva do ciclo de uma política pública (*policy cycle*), de um processo de avaliação *in itinere*, também conhecida como formativa ou de monitoramento, que ocorre durante o processo de implementação para fins de ajustes imediatos – verdadeira interação entre implementar e avaliar, postura que deve ser frequente em toda e qualquer política pública.

Enfim, ao centrar forças na taxa – postura clara e nítida de um Estado majoritariamente arrecadador (tributo clássico) –, os planos estaduais de manejo de resíduos sólidos avaliados visam simplesmente a uma contraprestação a ser paga ao Poder Público em razão da prestação de um serviço público específico e divisível (taxa de serviço), com a finalidade de repor os cofres pelos gastos advindos com as atuações estatais dirigidas ao contribuinte. Fato é que referida escolha (tomada de decisão) – outro estágio do ciclo de uma política pública – limita (ou até mesmo conflita com) a própria previsão inserta nos planos estaduais elaborados quando fortemente defendem a gestão associada via consórcios públicos como melhor alternativa, deixando-os limitados em suas atuações.

Pior ainda, deixa os consórcios públicos contingenciados pelas decisões restritas dos seus consorciados, os municípios, o que afeta a sociedade (os geradores de resíduos sólidos passam a ser tratados de forma igual, quando de fato e singularmente não são) e desqualifica a potencialidade reservada ao próprio regime de cooperação voluntária, logo ao próprio ente federativo municipal que é seu consorciado, e principal interessado, juntamente com a sociedade, certamente.

Diante desses números e resultados concretamente extraídos, não há outra conclusão possível a não ser a necessidade de os planos estaduais avaliados serem revisitados (revisão esta inclusive prevista na Lei da Política Nacional de Resíduos Sólidos), agora sob a perspectiva de consolidar a gestão associada via consórcios públicos, porém ajustando-a às potencialidades econômico-financeiras inerentes às tarifas e/ou aos preços públicos, abrindo, verdadeiramente, um espaço para o diálogo entre o Poder Público e a iniciativa privada. Fato é que ou o Poder Público mantém suas bases na linha dos consórcios públicos, o que enseja potencializá-los, ou, em outra perspectiva, absorve e passa a executar diretamente os serviços de manejo de resíduos sólidos, não sendo possível, isto sim, seguir adotando duas diretrizes que além de conflitarem acabam por se restringir.

CONCLUSÕES

As relações e as interações sociais dos dias atuais estão passando por um período de turbulência, o que faz a sociedade sacudir em todos os seus aspectos, especialmente sob a perspectiva da interdependência que tanto conecta o individual quanto interliga o coletivo, enfim, todos os atos e ações estão interconectados e interligados, o que significa dizer que envolvem resultados positivos e/ou negativos que se espraiam sobre tudo e todos. Cenário este que (inevitavelmente) também alcança a temática do manejo de resíduos sólidos, questão de inegável magnitude social.

A dificuldade envolvendo esta matéria não é simples, e muito menos simplória, pois existe um verdadeiro desfile de fatores pautados tanto pela complexidade quanto pela interdependência, figuras que disputam o carro de maior destaque na avenida da contemporaneidade (ou pós-modernidade), especialmente diante de uma população que possui dificuldade para enxergar o seu papel fundamental nesse movimento, e de um Poder Público imerso em seus históricos emaranhamentos, especialmente quando o assunto envolve o desafiante e espinhoso saneamento, ainda mais sob a ótica da destinação correta dos resíduos sólidos e da disposição ambientalmente adequada dos rejeitos.

Frente a esse enredo de desafios, diante de um desfile de oportunidades, a nota na avenida pode ser (acredita-se) mais agradável (elevada). Fato é que a sociedade como um todo – cidadãos, governos, setor privado e sociedade civil organizada – deve abrir os olhos, identificar e assumir suas responsabilidades, deixando de ser apenas uma simples telespectadora, pois não existe mais os outros – "é o fim dos 'outros'" –,[219] e sim, o nós, local em que todas as nossas

---

[219] BECK, Ulrich. *Sociedade de risco:* rumo a uma outra modernidade. Tradução de Sebastião Nascimento. São Paulo: Editora 34, 2010. p. 7.

(bem) delimitadas fronteiras de distanciamento e isolamento estão (praticamente) invisíveis.

Não é por outra razão que o estudo em tela primeiramente focou em avaliar a Lei da Política Nacional de Resíduos Sólidos, entendendo-a como uma política pública, o que significa dizer que o Poder Público foi posto em ação ao pensar e instituir uma legislação nacional contemplando as bases para atuação de todos os entes federativos, bem como de toda a sociedade – todos foram, em maior ou menor grau, identificados, movimentados e inseridos nesse sistema de ações e responsabilidades. Neste sentido, torna-se possível se utilizar da avaliação, uma das etapas do ciclo de políticas públicas, para fazer uma leitura (ou releitura) acerca do manejo de resíduos sólidos em curso de implementação, tendo como questão central o papel da gestão compartilhada e/ou associada, bem como da sustentabilidade econômico-financeira do sistema e sua absorção (incorporação) pelos planos estaduais de resíduos sólidos elaborados e disponíveis na página eletrônica do Ministério do Meio Ambiente – MMA.

Sob essas bases – ser a Lei da Política Nacional de Resíduos Sólidos uma verdadeira política pública –, o primeiro passo foi dado sob o apoio da teoria do ciclo (*policy cycle*), o que significa dizer que foi abordado o processo pelo qual todo e qualquer problema que alcança o patamar de magnitude social será alçado para a agenda pública, devendo, ato seguinte, percorrer todos os estágios até ser ele implementado, o que enseja avaliação rotineira e constante, exigência inclusive prevista na própria legislação. Neste mesmo momento, a Lei da Política Nacional de Resíduos Sólidos instituída pela União foi esmiuçada, tendo como foco verificar a ênfase conferida à cooperação, o que se constata de forma expressa e reiterada ao longo de todo o texto legal.

Identificado que há um norte legalmente estabelecido – o de um federalismo cooperativo –, voltou-se os olhos para o saneamento ambiental, entendimento que passou (e continua a passar) por inúmeras e profundas mudanças. Esta evolução promoveu uma verdadeira revolução no conceito e no entendimento teórico e prático de saneamento básico, agora potencialmente visto como ambiental, desaguando diretamente sobre a política pública de manejo de resíduos sólidos. Percorreu-se, também, as formas constitucionais e/ou legais de gestão associada (cooperação voluntária) e/ou gestão compartilhada (entrosamento compulsório) existentes e disponíveis no sistema jurídico brasileiro, sem deixar que se esvaiam as competências dos entes federativos menores, os municípios.

CONCLUSÕES | 149

Outro passo central foi dado para conectar tanto o que se esmiuçou da política pública de manejo de resíduos quanto dos instrumentos de associação e compartilhamento existentes e disponíveis, o que se deu sob o foco da avaliação dos planos estaduais elaborados pelos estados-membros, bem como da verificação de qual arranjo jurídico restou por receber uma maior ênfase, especialmente em se tratando da viabilidade e sustentabilidade jurídica e econômico-financeira, sob pena de não ser ele sustentável – os direitos não são absolutos, ao menos sob o ponto de vista econômico-financeiro.

Avaliando-se os planos estaduais de manejo de resíduos sólidos elaborados e disponíveis, verificou-se uma nítida ênfase à cooperação centrada na gestão associada via consórcios públicos, o que significa dizer que os estados-membros, no exercício de suas atribuições incumbidas pela Lei da Política Nacional de Resíduos Sólidos, estão insistindo fortemente para que os municípios trilhem a via da gestão associada voluntária – referida formação e formatação de arranjos jurídicos regionais espontaneamente ajustados estão previstos em todos os planos estaduais avaliados, oscilando entre praticamente uma dezena de abordagens até algumas dezenas de manifestações.

Nesta mesma avaliação, percebeu-se ainda que ao mesmo tempo em que os planos estaduais centram suas forças nos consórcios públicos, eles também adotam firmemente a previsão e a instituição da taxa como regra de sustentabilidade econômico-financeira do sistema, o que implica relegar para um patamar secundário instrumentos de arrecadação como a tarifa e o preço público – referido tributo, a taxa, está fortemente prevista nos planos estaduais, sendo ela a principal opção em matéria de sustentabilidade.

O que se percebe – insista-se –, é que enquanto o foco dos planos estaduais avaliados está prioritariamente voltado para a gestão associada voluntária via consórcios públicos (ótica jurídica), a sua sustentabilidade e viabilidade (ótica econômico-financeira) encontra-se centrada na taxa, contraprestação paga ao Estado em razão da prestação de serviço público específico e divisível (taxa de serviço), deixando-se, com isso, esmorecida a relação profícua que poderia ser melhor estabelecida entre o Poder Público e concessionários ou permissionários dos referidos serviços – assim procedendo, relega-se para um plano secundário os potenciais de arrecadação e manutenção do próprio sistema.

Face a essas constatações extraídas da avaliação dos planos estaduais de resíduos sólidos disponíveis, pode-se concluir que o

150 | LAONE LAGO
PLANOS ESTADUAIS DE RESÍDUOS SÓLIDOS – POLÍTICA PÚBLICA, GESTÃO ASSOCIADA E SUSTENTABILIDADE

processo de implementação da política pública de resíduos sólidos prevista na Lei da Política Nacional de Resíduos Sólidos enseja uma urgente correção de rumo e curso, especialmente no âmbito dos estados-membros, com reflexos diretos sobre os seus congêneres municipais. Em outras palavras, sob a perspectiva do ciclo de uma política pública (*policy cycle*), está-se diante de um processo de avaliação *in itinere*, que ocorre durante o procedimento de implementação, movimento de revisão que deve ser periódico, estabelecendo-se um verdadeiro círculo virtuoso de ajustes e adequações de política pública de singular relevância.

Enfim, o Poder Público deixa os consórcios públicos contingenciados pelas decisões restritas dos seus consorciados, os municípios, o que afeta a sociedade (os geradores de resíduos sólidos passam a ser tratados de forma desigual, quando de fato e singularmente não são) e desqualifica a potencialidade reservada ao próprio regime de cooperação voluntária, logo ao próprio ente federativo municipal que é seu consorciado, e principal interessado, juntamente com a sociedade, certamente.

Com isso, pode-se concluir no sentido e pela defesa de que os planos estaduais de resíduos sólidos avaliados sejam revisitados (revisão esta inclusive prevista na Lei da Política Nacional de Resíduos Sólidos), agora sob a perspectiva de efetivamente consolidar a gestão associada via consórcios públicos, porém ajustando às potencialidades econômico-financeiras inerentes às tarifas e/ou aos preços públicos, abrindo caminho para uma relação mais estreita entre Poder Público e iniciativa privada, o que significa melhor dialogar com toda a sociedade, pois lhe permitirá melhor distinguir os geradores de acordo com a singularidade dos resíduos sólidos gerados, logo, com amparo na complexidade que cada uma das suas classificações legalmente previstas exige.

REFERÊNCIAS

ABRAMOVAY, Ricardo. *Muito além da economia verde*. São Paulo: Abril, 2012.

ANTUNES, Paulo de Bessa. *Direito ambiental*. 16. ed. São Paulo: Atlas, 2014.

ARAÚJO, Marcos Paulo Marques. *Contratação de Consórcios Intermunicipais pela Lei n.º 11.107/05, Lei de Consórcios Públicos para a Gestão Associada de Serviço Público*. Disponível em: <http://www2.ibam.org.br/teleibam/estudo.asp>. Acesso em: 8 mar. 2015.

ARAÚJO, Marcos Paulo Marques. Escala institucional de cooperação federativa na gestão e no gerenciamento de resíduos sólidos. *Revista de Administração Municipal – RAM*, Rio de Janeiro, ano 58, n. 280, p. 46-60, abr./jun. 2012.

ARAÚJO, Suely Mara Vaz Guimarães de; JURAS, Iliada da Ascenção Garrido Martins. *Comentários à Lei dos resíduos sólidos*: Lei nº 12.305, de 2 de agosto de 2010 (e seu regulamento). São Paulo: Pillares, 2011.

ARISTÓTELES. *Política*. 3. ed. Tradução de Mário da Gama Kury. Brasília: Universidade de Brasília, 1997.

ASSOCIAÇÃO BRASILEIRA DE CIÊNCIA POLÍTICA – ABCP. Disponível em: <http://www.cienciapolitica.org.br/>. Acesso em: 15 out. 2016.

BALEEIRO, Aliomar. *Uma introdução às ciências das finanças*. 14. ed. Rio de Janeiro: Forense, 1987.

BANDEIRA DE MELLO, Celso Antônio. *Curso de direito administrativo*. 18. ed. São Paulo: Malheiros, 2005.

BAUMAN, Zygmunt. *Estado de crise*. Tradução de Renato Aguiar. Rio de Janeiro: Zahar, 2016.

BAUMAN, Zygmunt. *Modernidade líquida*. Tradução de Plínio Dentzien. Rio de Janeiro: Jorge Zahar, 2001.

BECK, Ulrich. *Sociedade de risco*: rumo a uma outra modernidade. Tradução de Sebastião Nascimento. São Paulo: Editora 34, 2010.

BENJAMIN, Antonio Herman. Introdução ao direito ambiental brasileiro. *Revista de Direito Ambiental*, n. 14, abr./ jun. 1999.

BERTALANFFY, Ludwig von. *Teoria geral dos sistemas*: fundamentos, desenvolvimento e aplicações. Tradução de Francisco M. Guimarães. 8. ed. Petrópolis: Vozes, 2015.

BOBBIO, Norberto. *A era dos direitos*. Rio de Janeiro: Elsevier, 2004.

BONAVIDES, Paulo. *Curso de direito constitucional positivo*. 22. ed. São Paulo: Malheiros, 2003.

BRASIL. Constituição (1988). *Constituição da República Federativa do Brasil*. Brasília, DF, 5 out. 1988. Disponível em: <http://www.planalto.gov.br/ccivil_03/Constituicao/Constituicao.htm>. Acesso em: 12 set. 2016.

BRASIL. Decreto nº 6.017, de 17 de janeiro de 2007. Regulamenta a Lei nº 11.107, de 6 de abril de 2005, que dispõe sobre normas gerais de contratação de consórcios públicos. *Diário Oficial da União*, Brasília, DF, 18 jan. 2007. Disponível em: <http://www.planalto.gov.br/ccivil_03/_Ato2007-2010/2007/Decreto/D6017.htm>. Acesso em: 12 set. 2016.

BRASIL. Lei nº 11.107, de 6 de abril de 2005. Dispõe sobre normas gerais de contratação de consórcios públicos e dá outras providências. *Diário Oficial da União*, Brasília, DF, 7 abr. 2005. Disponível em: <http://www.planalto.gov.br/ccivil_03/_ato2004-2006/2005/lei/l11107.htm>. Acesso em: 12 set. 2016.

BRASIL. Lei nº 11.445, de 5 de janeiro de 2007. Estabelece diretrizes nacionais para o saneamento básico; altera as Leis nºs 6.766, de 19 de dezembro de 1979, 8.036, de 11 de maio de 1990, 8.666, de 21 de junho de 1993, 8.987, de 13 de fevereiro de 1995; revoga a Lei nº 6.528, de 11 de maio de 1978; e dá outras providências. *Diário Oficial da União*, Brasília, DF, 8 jan. 2007. Disponível em: <http://www.planalto.gov.br/ccivil_03/_ato2007-2010/2007/lei/l11445.htm>. Acesso em: 12 set. 2016.

BRASIL. Lei nº 12.305, de 2 de agosto de 2010. Institui a Política Nacional de Resíduos Sólidos; altera a Lei nº 9.605, de 12 de fevereiro de 1998; e dá outras providências. *Diário Oficial da União*, Brasília, DF, 3 ago. 2010. Disponível em: <http://www.planalto.gov.br/ccivil_03/_ato2007-2010/2010/lei/l12305.htm>. Acesso em: 12 set. 2016.

BRASIL. Lei nº 13.308, de 6 de julho de 2016. Altera a Lei nº 11.445, de 5 de janeiro de 2007, que estabelece diretrizes nacionais para o saneamento básico, determinando a manutenção preventiva das redes de drenagem pluvial. *Diário Oficial da União*, Brasília, DF, 7 jul. 2016. Disponível em: <http://www.planalto.gov.br/ccivil_03/_Ato2015-2018/2016/Lei/L13308.htm#art1>. Acesso em: 12 set. 2016.

CARVALHO FILHO, José dos Santos. *Consórcios Públicos* (Lei nº 11.107, de 06.04.2005, Decreto nº 6.017, de 17.01.2001). Rio de Janeiro: Lumen Juris, 2009.

CARVALHO FILHO, José dos Santos. *Consórcios públicos*. 2. ed. São Paulo: Atlas, 2013.

CARVALHO, José Murilo de. *Cidadania no Brasil:* o longo caminho. Rio de Janeiro: Civilização Brasileira, 2002.

COBB, Roger William; ELDER, Charles. *Participation in american politics*: the dynamics of agenda-building. Baltimore: Johns Hopkins University Press, 1983.

CONFEDERAÇÃO NACIONAL DE MUNICÍPIOS – CNM. *Consórcios públicos intermunicipais*: uma alternativa à gestão pública. Brasília: CNM, 2016.

DI PIETRO, Maria Sylvia Zanella. *Parcerias na administração pública*: concessão, permissão, terceirização, parceria público-privada e outras formas. 9. ed. São Paulo: Atlas, 2012.

DIAS, Genebaldo Freire. *Antropoceno*: iniciação à temática ambiental. São Paulo: Gaia, 2002.

REFERÊNCIAS | 153

DYE, Thomas R. Mapeamento dos modelos de análise de políticas públicas. In: HEIDERMAN, Francisco G; SALM, José Francisco. *Políticas públicas e desenvolvimento*: bases epistemológicas e modelos de análise. Brasília: UnB, 2009.

DYE, Thomas R. *Understanding public policy*. Nova Jersey: Prentice Hall, 1995.

FIGUEIREDO, Marcus Faria; FIGUEIREDO, Argelina Maria Cheiburb. Avaliação política e avaliação de políticas: um quadro de referências teóricas. *Revista João Pinheiro*, Belo Horizonte, ano 1, n. 3, p. 107-127, set./dez. 1986.

FREIRIA, Rafael Costa. *Direito, gestão e políticas públicas ambientais*. São Paulo: Senac São Paulo, 2011.

FRIERA GONZÁLEZ, Maria del Carmen Sánchez. *La responsabilidade civil del empresário por deterioro del medio ambiente*. Madri: JMBOSCH, 1994.

GIDDENS, Anthony. *Mundo em descontrole*: o que a globalização está fazendo de nós. Tradução de Maria Luiza Borges. 3. ed. Rio de Janeiro: Record, 2003.

GRANZIERA, Maria Luiza Machado. *Direito ambiental*. São Paulo: Atlas, 2009.

GUERRA, Sidney. *Resíduos sólidos*: comentários à Lei 12.305/2010. Rio de Janeiro: Forense, 2012.

HEIDEMANN, Francisco G. Do sonho do progresso às políticas de desenvolvimento. In: HEIDEMANN, Francisco G.; SALM, José Francisco (Orgs.). *Políticas públicas e desenvolvimento*: as bases epistemológicas e modelos de análise. 3. ed. Brasília: Universidade de Brasília, 2014.

HIRSHMAN, Albert Otto. *As paixões e os interesses*: argumentos políticos para o capitalismo antes do seu triunfo. Tradução de Lucia Campello. Rio de Janeiro: Paz e Terra, 1979.

HOLMES, Stephen; SUNSTEIN, Cass. *The cost of rights:* why liberty depends on taxes. New York/London: W. M. Norton, 1999.

HOWLETT, Michel; RAMESH, M; PERL, Anthony. *Política pública*: seus ciclos e subsistemas – uma abordagem integral. 3. ed. Tradução de Francisco G. Heidemann. São Paulo: Campus/Elsevier, 2013.

INTERNATIONAL POLITICAL SCIENCE ASSOCIATION – IPSA. Disponível em: <http://www.ipsa.org/>. Acesso em: 15 out. 2016.

LAGO, Laone. Da natureza viestes e à natureza retornarás: como o direito nasceu da natureza e a ela retorna para salvá-la. *Revista da Escola da Magistratura Regional Federal da 2ª Região*, Rio de Janeiro, v. 21, n. 1, nov. 2014/abr. 2015.

LASSWELL, Harold Dwight. The policy orientation. In: LERNER, Daniel; LASSWELL, Harold D. (Orgs.). *The policy sciences:* recent developments in scope and method. Stanford: Stanford University Press, 1951.

LINDBLOM, Charles Edward. Muddling through 1: a ciência da decisão incremental. In: HEIDEMANN, Francisco Gabriel; SALM, José Francisco (Orgs.). *Políticas públicas e desenvolvimento*: bases epistemológicas e modelos de análise. 3. ed. Brasília: UnB, 2014.

LOPES, Júlio Aurélio Vianna. *A invasão do direito*: a expansão jurídica sobre o Estado, o mercado e a política. Rio de Janeiro: FGV, 2005.

MANKIW, Gregory Nicholas. *Princípios de microeconomia*. São Paulo: Cengage Learning, 2009.

MARSHALL, Thomas Humprey. *Cidadania, classe social e status*. Rio de Janeiro: Zahar, 1967.

MEDAUAR, Odete. *Direito administrativo*. 15. ed. São Paulo: Revista dos Tribunais, 2011.

MEIRELLES, Hely Lopes. *Direito municipal brasileiro*. 12. ed. São Paulo: Malheiros, 2001.

MILARÉ, Édis. *Direito do ambiente*. 8. ed. São Paulo: Revista dos Tribunais, 2013.

MORAES, Kamila Guimarães de. *Obsolescência planejada e direito*: (in)sustentabilidade do consumo à produção de resíduos. Porto Alegre: Livraria do Advogado, 2015.

MOREIRA NETO, Diogo de Figueiredo. *Curso de direito administrativo*: parte introdutória, parte geral e parte especial. 16. ed. Rio de Janeiro: Forense, 2014.

MORIN, Edgar. *Introdução ao pensamento complexo*. 4. ed. Tradução de Eliane Lisboa. Porto Alegre: Sulina, 2011.

NEGRI, Antonio; HARDT, Michael. *Império*. Tradução de Berilo Vargas. Rio de Janeiro: Record, 2001.

NUVOLARI, Ariovaldo. *Dicionário de saneamento ambiental*. São Paulo: Oficina de Textos, 2013.

PAUSEN, Leandro. *Direito tributário*: Constituição e Código Tributário à luz da doutrina e da jurisprudência. 3. ed. Porto Alegre: Livraria do Advogado, 2001.

REALE, Miguel. *Parecer*. São Paulo. Disponível em: <http://www.miguelreale.com.br/parecer.htm>. Acesso em: 11 set. 2016.

RIBEIRO, Wladimir António. Introdução à Lei da Política Nacional de Resíduos Sólidos. In: SAIANI, Carlos César Sandejo; DOURADO, Juscelino; TONETO JÚNIOR. *Resíduos sólidos no Brasil*: oportunidades e desafios da Lei Federal nº 12.305. Barueri: Minha Editora, 2014.

RODRIGUES, Marta Maria Assumpção. *Políticas públicas*. São Paulo: Publifolha, 2010.

SABATIER, Paul A. *Theories of the policy process*. Boulder: Westview Press, 1999.

SANTOS, Angela Moulin S. Penalva. *Município, descentralização e território*. Rio de Janeiro: Forense, 2008.

SARLET, Ingo Wolfgang. *A eficácia dos direitos fundamentais*. 2. ed. Porto Alegre: Livraria do Advogado, 2001.

SARLET, Ingo Wolfgang; FENSTERSEIFER, Tiago. *Direito ambiental*: introdução, fundamentos e teoria geral. São Paulo: Saraiva, 2014.

SECCHI, Leonardo. *Políticas públicas*: conceitos, esquemas de analise, casos práticos. 2. ed. São Paulo: Cengage Learning, 2013.

SEN, Amartya. Por que é necessário preservar a coruja-pintada. *Folha de São Paulo,* São Paulo, 14 mar. 2014. Disponível em: <http://www1.folha.uol.com.br/folha/ciencia/ult306u11316.shtml>. Acesso em: 14 maio 2014.

SENDIM, José de Souza Cunhal. *Responsabilidade civil por danos ecológicos*: da reparação do dano através da restauração natural. Coimbra: Coimbra Editora, 1998.

SILVA FILHO, Carlos Roberto Vieira; SOLER, Fabricio Dorado. *Gestão de resíduos sólidos*: o que diz a lei. 2. ed. São Paulo: Trevisan, 2013.

SILVA, José Afonso da. *Comentário contextual à Constituição.* 4. ed. São Paulo: Malheiros, 2007.

SILVA, Vasco Pereira da. *Verde cor de direito*: lições de direito do ambiente. Coimbra: Almedina, 2002.

SOUZA, Celina. Políticas públicas: uma revisão da literatura. *Sociologias,* Porto Alegre, ano 8, n. 16, jul./dez. 2006.

SOUZA, Rodrigo Pagani de. Cooperação interfederativa na gestão de serviços públicos: o caso dos resíduos sólidos. *Revista Digital de Direito Administrativo,* v. 2, n. 2, p. 441-468, 2015.

STOTT, Martin. Las comunidades locales, el gobierno local y oportunidad de la Agenda 21. In: DELGADO DÍAZ, Carlos Jesús. *Cuba verde*: em busca de un modelo para la sustentabilidad em el siglo XXI. Madrid: José Martí, 1999.

TORRES, Silvia Faber. *O princípio da subsidiariedade no direito público contemporâneo.* Rio de Janeiro: Renovar, 2001.

TRINDADE, Antônio Augusto Cançado. *Tratado de direito internacional dos direitos humanos.* Porto Alegre: Sérgio Antônio Fabris, 1997. v. 1.

VASCOCELLOS, Mari José Esteves de. *Pensamento sistêmico*: o novo paradigma da ciência. 10. ed. Campinas: Papirus, 2013.

VIRILIO, Paul. *Velocidade e política.* Tradução de Celso Mauro Paciornik. São Paulo: Estado Liberdade, 1996.

Esta obra foi composta em fonte Palatino Linotype, corpo 10
e impressa em papel Offset 75g (miolo) e Supremo 250g (capa)
pela Gráfica e Editora Laser Plus, em Belo Horizonte/MG.